会计重述的公司层面
经济后果研究

Economic Consequences of Accounting
Restatements from the Corporation Perspective

王 斌 著

经济科学出版社

图书在版编目（CIP）数据

会计重述的公司层面经济后果研究/王斌著.—北京：
经济科学出版社，2014.8
ISBN 978-7-5141-4838-1

Ⅰ.①会…　Ⅱ.①王…　Ⅲ.①上市公司-会计-
研究-中国　Ⅳ.①F279.246

中国版本图书馆 CIP 数据核字（2014）第 158342 号

责任编辑：柳　敏　李晓杰
责任校对：杨　海
版式设计：齐　杰
责任印制：李　鹏

会计重述的公司层面经济后果研究
王　斌　著
经济科学出版社出版、发行　新华书店经销
社址：北京市海淀区阜成路甲 28 号　邮编：100142
总编部电话：010-88191217　发行部电话：010-88191522
网址：www.esp.com.cn
电子邮件：esp@esp.com.cn
天猫网店：经济科学出版社旗舰店
网址：http://jjkxcbs.tmall.com
北京汉德鼎印刷有限公司印刷
三河市华玉装订厂装订
710×1000　16 开　14 印张　230000 字
2014 年 8 月第 1 版　2014 年 8 月第 1 次印刷
ISBN 978-7-5141-4838-1　定价：35.00 元
（图书出现印装问题，本社负责调换。电话：010-88191502）

本书受中国人民大学研究生科研基金项目（中央高校基本科研业务费专项资金资助，项目编号11XNH164）资助。

前　　言

　　真实公允的财务会计信息，是保障资本市场健康发展的重要条件之一。存在会计差错的财务报告，严重有损会计信息质量，容易误导市场参与者的决策。近年来，因滥用会计差错导致的舞弊案件也日益增加。建立会计重述制度，及时更正会计差错，有助于降低会计差错对财务报告使用者决策的负面影响，重塑市场参与者的信任。那么，这种对财务报告进行更正性申明的会计重述，是否起到了事后补救作用，能否对上市公司的信息质量起到实质性改进效果，将直接影响市场参与者的投资信心和资本市场的运行效率。由于会计重述的影响因素和市场层面的经济后果易被外界觉察，因而得到了学术界诸多关注，但是对会计重述公司层面经济后果的研究尚显薄弱。鉴于上述实践意义和学术价值，本书通过深入探究我国上市公司的会计重述行为在公司层面上的经济后果，分析和检验会计重述制度的实际效果，以期丰富和拓展相关研究，为完善市场监管提供理论参考和证据支持，有助于资本市场的持续健康发展。

　　本书在借鉴会计重述已有研究的基础上，结合我国宏微观经济法律环境，以 2005～2010 年发生会计重述的上市公司为主样本，综合运用规范研究方法和实证研究方法展开研究。基于会计学、组织社会学、行为金融学等理论，阐明了会计重述在公司层面产生经济后果的作用机理和影响路径，从公司治理、盈余质量、信息传递三个维度进行实证考察，分析和检验了会计重述制度的实际效果。研究问题主要包括：（1）会计重述是否以及在多大程度上对高管变更与高管薪酬产生增量影响；（2）会计重述前后公司的盈余质量是否存在差异，即会计重述对盈余质量改善是否具有实际效果；（3）会计重述对同类非重述公司产生了怎样的信息传递效应，其中传染效应和竞争效应的相对作用如何。

概观言之，依行文顺序，主要结论可归纳如下：

第一，根据组织社会学的正当性理论，组织若想存续，必须获得利益相关者的认同、信任与支持，即具备组织正当性。公司已公布会计信息的遗漏、误导甚至造假，降低了利益相关者对公司的认可和信任，直接威胁组织正当性，加大了公司获取资源的难度和成本。为此，公司需要采取易为公众理解并认可的及时措施，将公司状况得以改善的信号传递给利益相关者，以达到修复正当性、重塑公信力的目的。已有文献发现，公司将责任推给高管，是最直接且最有力的补救策略。故本书通过研究会计重述对高管变更与高管薪酬的影响，探讨会计重述在公司治理方面的经济后果。结果显示，在其他条件一定的情况下，会计重述显著增加了总经理变更率，但对董事长变更不具有这种增量影响；会计重述显著降低了重述公司以及同类非重述公司高管的薪酬。

第二，高质量的盈余必是可持续性的，所以首先检验了盈余持续性。结果显示，会计重述后重述公司的盈余持续性有一定改进。但是由于可持续的盈余未必真实，盈余中非持续性部分可由人为操纵而变平滑，因而从会计实现投资者保护的定价和治理功能考虑，又进一步检验了盈余稳健性。结果显示，会计重述后重述公司的盈余变得更不稳健。对此可有两种解释：一是由于急于向外界传递改善信号，以丧失稳健性换取了持续性；二是稳健性强可能来自盈余管理，而会计重述后监管压力等使公司的这种盈余管理程度被削弱。为此，又进一步检验了应计质量。结果表明，会计重述后重述公司的应计质量显著下降。这说明，会计重述制度只起到了表面督促作用，而未使会计重述公司的盈余质量得到实质性改进。

第三，对会计重述信息传递效应的估值模型检验结果表明，相比异类非重述公司，重述公司和同类非重述公司都被赋予了更高的权益账面价值定价乘数和更低的净利润定价乘数。投资模型的检验结果显示，重述公司在会计重述后 12 个月的累积买持超额回报显著低于异类非重述公司，但与同类非重述公司则无显著差异。两种方法的检验结果均说明：在中国情境下，相比竞争效应，会计重述信息的传染效应起着主导作用。另外，基于会计重述特征的细分样本检验发现，税类会计重述、由监管方发起的会计重述、欺诈类会计重述，其传染效应表现得更为明显。

主要改进与创新体现在：

首先，通过对会计重述前后公司治理和盈余质量变化的分析，检验和评价了我国会计重述制度的实际效果，为会计重述制度和证券市场监管的进一步完善提供了参考。丰富和拓展了相关领域的研究，在内容上有一定新意，具有较强的理论和实践意义。

其次，鉴于我国会计重述问题的特殊性，尝试从估值和投资两个层面设计了相互印证的方法进行检验，率先将信息传递效应的相关研究拓展至长期。这一研究思路和方法的改进，对公司信息传染效应和竞争效应相关领域的研究，有一定的借鉴价值。

最后，结合我国公司治理模式的特殊性进行变量选取和方法设定，检验了会计重述对高管变更与高管薪酬的影响，得出了中国情境下的特定结论，深化了会计重述与公司治理关系的研究。

另外，已有研究通常只使用精确配对或模糊配对一种方法进行配对样本选择，但两种方法都存在固有缺陷。为此，本书同时使用了这两种方法以互相印证，有助于提高研究结论的可靠性。在精确配对时，加入多种配对标准，使用可给出每个配对精确距离的平均处理效应方法，找到与主样本最为接近的配对样本，进一步增强了配对样本选择的严谨性。

目　录

图 表 目 录

第 1 章

绪　　言

本章主要阐明选题背景及研究意义，提出所要解决的关键问题以及要达到的研究目标。在说明了本书采用的研究思路、具体方法、技术路线和结构安排后，总结了本书对已有研究的主要改进与创新。

1.1　选题背景及意义

真实公允的财务报告信息，是保障资本市场健康发展的重要条件之一。如何确保财务报告信息的质量，一直是会计学术界、实务界以及相关监管当局高度关注的重要议题。存在会计差错的财务报告，其信息质量难以保证，因而可能误导利益相关者的决策，降低市场运行与资源配置的效率。会计重述正是对这类财务报告信息进行重新表述的一种事后更正披露行为。建立会计重述制度，及时更正会计差错，有助于降低会计差错对财务报告使用者决策的负面影响，重塑投资者信心。

与会计重述有关的法律法规①，最早可追溯到美国 1933 年颁布的《证券法》，其中对不完整、不恰当、易被误解的财务信息提出了纠正要求。第一次明确引入会计重述相关概念的是美国会计原则委员会②在 1971 年 7 月发布的第 20 号意见书《会计变更》（APB Opinion No. 20；Accounting

---

① 为行文方便，以下简称：会计重述制度，泛指与会计重述相关的所有规范的总称。

② 英文原名为 Accounting Principles Board，简称为 APB，是美国财务会计准则委员会（Financial Accounting Standards Board，以下简称 FASB）的前身。

Changes）。之后的 30 年间，美国的相关会计标准并无实质性变化。1998年 9 月 28 日，时任美国证券交易委员会（Securities and Exchange Commission，以下简称 SEC）主席的阿瑟·李维特（Arthur Levitt）在纽约大学发表了著名的演讲《数字游戏》（Numbers Game），总结了造成会计差错的五种常用伎俩（"洗大澡"、创造性并购、"饼干盒式"准备金、收入确认、重大性）。2001 年年底，安然、世通、施乐等财务丑闻被相继揭开，这些公司为了更正由于隐藏债务、虚增利润等方面的会计差错，陆续宣布拟重新编制之前的财务报告。与这些财务丑闻一起浮出水面的，还有美林集团等投资银行营私舞弊和诸多证券分析师故意误导投资者等丑闻。鉴于此，对美国资本市场监管体制和信息披露制度的变革被提上议事日程，2002 年 7 月 30 日，时任美国总统的乔治·布什（George W. Bush）签署了《2002 年萨班斯—奥克斯利法案》（Sarbanes-Oxley Act of 2002，以下简称《SOX 法案》），该法案在会计师行业监管、外部审计独立性、公众公司管理层责任以及防止分析师利益冲突等方面作出了许多新的严格规定。该法案授权设立美国公众公司会计监管委员会（The Public Company Accounting Oversight Board，简称 PCAOB），要求公众公司高级管理人员（主要指首席执行官和首席财务官）对财务报告的真实性进行宣誓，并区分提供不实财务报告的严重程度设定了 10～20 年不等的刑事责任处罚。因此，众多公司纷纷赶在高管宣誓前详细检查和重新编报以前年度的财务报告，从而引发了会计重述热潮。正是自此之后，许多监管机构或相关组织开始了对会计重述事件的调研，如美国国家审计署（最初名称为 General Accounting Office，现改称 Government Accountability Office，以下简称 GAO）、财务经理协会（Financial Executive International，简称 FEI）、美国财政部（The Department of the Treasury，U. S.），都先后发布过相关调查研究报告；与会计重述相关的学术研究文章也从 2002 年开始骤增。2005 年 5 月，FASB又发布了沿用至今的第 154 号财务会计准则公告《会计变更和差错更正：替代 APB 第 20 号意见书和 FASB 第 3 号公告》（SFAS No. 154：Accounting Changes and Error Corrections—A Replacement of APB Opinion No. 20 and FASB Statement No. 3），在继续使用之前具体的会计处理方法基础上，明确区分了会计差错更正与会计变更，即会计重述专指会计差错更正，而不再包括会计差错更正之外的其他会计变更。

作为《SOX 法案》的提出者之一，时任美国参议院银行委员会主席的保罗·萨班斯（Paul Sarbanes）在 2002 年 1 月 23 日美国参议院的评论中指出，"盈余的频繁重述直击财务系统的心脏，因为这些问题引起了对公开财务报表可靠性的质疑，继而会破坏投资者对证券市场运营的信心。"① 美国财政部部长亨利·保尔森（Henry Paulson）在 2008 年的一份声明中称，许多重要人士在 2007 年美国财政部举办的资本市场竞争力峰会上表示了对过去十年间会计重述出现急剧增长的担忧。为此，美国财政部邀请在会计重述研究中很有建树的堪萨斯州立大学的苏珊·肖尔兹（Susan Scholz）对 1997～2006 年美国会计重述问题进行调研，并出具了一份题为《公众公司财务重述的变化性质及结果》的研究报告。该报告深度考察了《SOX 法案》颁布前后数年间美国公司的重述现象，研究发现 2006 年发生的会计重述事件是 1997 年的 18 倍，尤其在安然等会计丑闻及《SOX 法案》颁布前后（即 2001 年）重述出现剧增。美国国家审计署（GAO）在 2007 年 3 月 5 日发布的研究报告也显示，2002～2005 年的重述公司数量占同期上市公司总数的比例平均数大约是 1997～2001 年占比平均数的 2 倍（前者是 16%，后者是 8%）。可见，近年来会计重述事件发生频数一直处于上升态势，伴随着会计重述事件的大量出现，与之相关的学术研究也迅速增多。

在我国，几乎与美国的会计丑闻同时，以银广夏为代表的会计舞弊事件被曝光。2003 年 3 月 29 日，TCL 通讯对公司 2000 年度财务报表信息进行重述的整改公告的披露，更是引发了滥用重大会计差错更正的大讨论，会计重述问题被推至风口浪尖。证监会在企业会计准则《会计政策、会计估计变更和会计差错更正》（财政部于 1998 年 6 月 25 日颁布、1999 年 1 月 1 日实施、2001 年修订）基础上，于 2003 年 12 月 1 日发布了第 19 号公开发行证券的公司信息披露编报规则《财务信息的更正及相关披露》，首次明确要求公司应当以重大事项临时公告的方式及时披露更正后的相关财务报告信息。针对 225 家在 2002 年年报中追溯调整以前年度重大会计差错的问题，证监会于 2004 年 1 月 6 日再次发文，名为《关于进一步提高上市公司财务

① 参见 Margetis（2004）P. 83，"Frequent restatements of earnings go directly to the heart of our financial system, because by raising questions about the reliability of published financial statements they threaten to undermine investors' confidence in the way our securities markets operate. " —Paul Sarbanes (Comments on the floor of the U. S. Senate, 1/23/02).

信息披露质量的通知》，其中第 3 条专门对会计差错更正的相关处理和责任等进行规范，并再次强调与会计差错披露相关的事宜，以期通过会计重述的及时披露起到向投资者示警风险的作用。2006 年 2 月 15 日财政部重新颁布了《企业会计准则》（Accounting Standards for Business Enterprises，以下简称 CAS 2006），其中在《企业会计准则第 28 号——会计政策、会计估计变更和差错更正》（2007 年 1 月 1 日施行）中，取消了"重大会计差错"的定义，提出"前期差错"的概念，要求所有重要前期差错均应采用追溯重述法进行处理。此外，在证监会发布的《上市公司信息披露管理办法》、深圳证券交易所发布的《关于做好上市公司年度报告工作的通知》、《中小企业板信息披露业务备忘录第 4 号：年度报告披露相关事项》中也有与会计重述相关的规定和要求。

据粗略统计，我国 2005～2010 年间发布会计差错更正公告的上市公司数量，年均 102 家，占全部上市公司的比例平均为 7.62%，大约相当于每 13 家公司中有 1 家发生会计差错更正。这一变化较 2001～2004 年有所降低（约每 7 家公司中有 1 家重述）①，但还是明显高于其他国家（如美国大约每 18 家公司有 1 家发生重述）。而且，从会计重述对有关反映财务状况和经营成果的主要指标的影响来看，我国的会计重述性质还是较为严重的。近 7 成的公司通过会计差错更正调减了资产总额、留存收益或净利润，且调整幅度较大（详见图 1-1）。此外，通过在中国报纸资源全文数据库的检索发现，与会计差错更正相关的各大权威报纸上的新闻报道仅 2010 年就有近 40 条，且在很大程度上反映了会计重述与虚假陈述、重大违规等的密切相关性。证监会发布的《2010 年上市公司执行企业会计准则监管报告》的专题分析中，也特别提到会计差错问题。

综上可见，无论是从数量上还是性质上，我国上市公司的会计重述问题都较为严重，这必然会影响到投资者行为以至整个市场的有效运作。因此，会计重述问题理应受到理论界、实务界和监管机构的高度重视。虽

---

① 2001～2004 年的中国上市公司会计重述相关数据参照王霞和薛爽：《财务重述、盈余质量与市场认知的系统性偏差》，载《中国会计评论》2010 年第 8 期，第 399～414 页。但由于王霞和薛爽（2010）的度量口径采用的是从年报中逐一查找的方式，而本研究由于与其研究目的不同，选取的只是发布会计重述公告的公司，因而其研究样本范围比本研究广，若均按本研究口径来算，2001～2004 年的重述比例应该比其研究中所列示的比例略低。

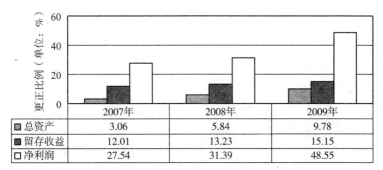

图 1 - 1　会计重述对企业财务状况和经营成果的影响

然国外对会计重述问题已经有大量的研究，国内也有了一些这方面的研究文献，但是，对于会计重述在公司层面的经济后果问题还缺乏深入的研究。尤其是，会计重述对公司治理变化会产生怎样的增量影响、会计重述是否起到了改进上市公司盈余质量的作用、会计重述如何影响市场参与者看待同类非重述公司等，都是已有文献尚未解决的问题。本书试图弥补已有研究的上述不足，以期为评价会计重述制度的实际效果提供进一步的理论支持和经验证据，为进一步完善证券市场监管提供参考，从而有助于提高上市公司的信息披露质量，纠正市场参与者的认知行为偏差，提升资本市场效率。这也正是本书的理论价值和实践意义所在。

1.2　本书研究问题与研究目标

本书以会计重述为主要研究对象，研究的关键问题是：会计重述在公司治理、盈余质量、信息传递方面产生了怎样的经济后果。具体说来，主要包括以下几个问题：

（1）会计重述对公司治理变化是否具有增量效果？会计重述，大大折损了外部利益相关者对公司财务报告系统的信任，严重损害了组织正当性。为把会计重述的负面影响削减到最小，会计重述公司（以下简称"重述公司"）会采用怎样的公司治理变化来重塑声誉和修复正当性？换句话说，会计重述能否以及在多大程度上会对公司治理变化尤其是对高管变更与高管薪酬产生增量效果？

（2）会计重述前后公司的盈余质量是否存在差异？在哪些方面存在差

异？原因何在？无论重述公司是由于监管当局或资本市场压力而重塑形象，还是高管为应对变更或降薪而实施新举措，都将最终影响到会计重述后公司的财务状况和经营成果。那么会计重述对盈余是否有短期和长期修正作用？会计重述前后，重述公司的盈余质量发生了怎样的变化？为什么会发生这样的变化？这些变化又说明会计重述具有怎样的制度效果呢？

（3）会计重述对同类非重述公司将会产生怎样的信息传递效应？主要研究问题包括：市场参与者是否会重新评估重述公司与非重述公司的财务报表？会计重述后 1 年内重述公司与同类、异类非重述公司的累积买持超额回报是否以及在多大程度上存在差异？会计重述后会计重述对同类非重述公司产生了什么样的短期和长期信息传递效应？在会计重述信息传递中，传染效应和竞争效应哪个占主导地位、发挥关键作用？

本书借鉴会计重述已有研究，基于会计学、组织社会学、行为金融学等理论，阐明会计重述在公司层面产生经济后果的作用机理和影响路径，并从公司治理、盈余质量、信息传递三个维度进行中国情境下的实证检验。以期拓展和深化相关领域的学术研究，评价和改进我国会计重述制度的实际效果，为我国证券市场监管的进一步完善提供有益参考。

1.3 本书研究方法、技术路线与结构安排

1.3.1 研究方法

本书采用了规范研究和实证研究相结合的研究方法。

（1）规范研究方法。

主要包括演绎推理法和比较分析法。前者主要用来分析会计重述公司层面经济后果的理论基础与作用机理，发展实证检验的理论假说；后者主要用于会计重述的国际比较等方面。

（2）实证研究方法。

以档案研究为主，涉及的具体方法包括：均值 t 检验、Mann-Whitney 的 U 统计量非参数检验、相关分析、多元回归分析、事件研究法等。同

时，为保证研究结论的稳健性，使用多种方法衡量因变量和自变量，并尽量使用不同的模型进行敏感性测试。

1.3.2 技术路线

本书以上研究方案，通过如下技术路线（见图 1 - 2）得以实现。

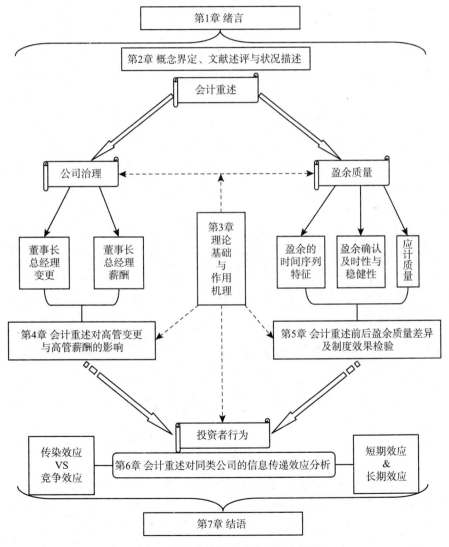

图 1 - 2 本书的技术路线及研究框架

1.3.3 结构安排

本书共分为 7 章，各章的主要内容安排如下：

第 1 章为绪言。阐明的是本研究的选题背景、理论和现实意义、解决的关键问题、主要研究目标、研究思路、具体方法、技术路线、结构安排，以及本研究对现有文献的重要改进与创新。

第 2 章为概念界定、文献述评与状况描述。主要包括三部分内容：对会计重述的规范含义和实证样本进行界定；从会计重述的影响因素和经济后果两大方面对已有文献进行综述，并在此基础上评价相关研究的贡献与不足，指出尚存的探讨空间及研究可行性；对中美会计重述公告及会计重述公司的基本状况进行描述性分析与比较。

第 3 章是理论分析部分。在会计学、组织社会学、行为金融学理论的基础上，结合会计重述的特征对会计重述的公司层面经济后果的作用机理和影响路径进行解析，为后续实证检验假设的提出给予理论支持。本章分为 3 节，分别对应后续 3 章实证检验。

第 4 章至第 6 章是实证检验部分。从会计重述对公司治理、盈余质量、信息传递三个维度对会计重述公司层面的经济后果予以经验分析，具体包括会计重述对高管变更与高管薪酬的影响、会计重述前后重述公司的盈余质量变化、会计重述对同类非重述公司的信息传递效应三方面内容。

第 7 章是结语。概括了本研究的主要结论，并据此提出了相关的政策启示与建议，指出了本书的研究局限及未来进一步研究的方向。

1.4 本书主要改进与创新

本书对已有研究的主要改进与创新体现在：

首先，本书通过对会计重述前后公司治理和盈余质量变化的分析，检验和评价了我国会计重述制度的实际效果，为会计重述制度和证券市场监管的进一步完善提供了参考。丰富和拓展了相关领域的研究，在内容上有一定新意，具有较强的理论和实践意义。具体来说，已有文献主要聚焦于会计重述如何影响公司的权益价值（即会计重述的市场反应），鲜有对会计重述如何影响公司治理及财务报告质量问题的深入研究。而后者相对前者能够为各方利益相关者提供更为重要的决策有用信息。仅有的几篇针对会计重述与盈余质量之间关系的研究，只关注了具有怎样盈余质量的公司容易发生会计重述，忽视了对会计重述后公司盈余质量是否得以改善的研究，即忽视了会计重述对盈余质量影响的研究。而后者要研究的问题更为重要，因为会计重述制度设计的初衷就是期望由此可以有助于修正和改善公司的会计信息质量。本书弥补了这一不足，率先将会计重述与盈余质量关系的研究由会计重述前拓展至会计重述后，从三个视角各异又相互关联的盈余质量特征入手进行会计重述前后的对比检验。

其次，鉴于我国会计重述问题的特殊性，尝试从估值和投资层面设计了两方法进行检验以相互印证，率先将信息传递效应的研究拓展至长期。在此方面的研究思路和方法的改进，对公司信息传染效应和竞争效应相关领域的研究，有一定的借鉴价值。

再其次，结合我国公司治理模式的特殊性进行变量选取和方法设定，检验了会计重述对高管变更与高管薪酬的影响，得出了中国情境下的特定结论，深化了会计重述与公司治理关系的研究。具体表现在：鉴于我国上市公司高管角色的特点，以总经理和董事长取代国外研究中常用的首席执行官和首席财务官作为高管研究对象，使用高管工资而非红利作为薪酬的代理变量；同时，在界定高管变更时，使用会计重述之后 1 年而非已有研究中的 2 ~ 4 年，作为选择高管是否变更的样本期间，降低了统计上第 II 类错误的发生概率；进一步，通过加入准则变迁因素，比较了《企业会计准则（2006）》实施前后的差异。

另外，已有研究通常只使用一对一精确配对或一对多模糊配对一种方法进行配对样本选择，但两种方法都存在固有缺陷。为此，本书同时使用了这两种方法以互相印证，增加了结论的说服力和普适性。而且，在使用精确配对方法时，不仅加入了已有文献中常用的行业、规模、年度等标准，还加入了公司年龄和公司活动状况等标准，使用可给出每个配对精确距离的平均处理效应方法，通过异方差修正、精确对应、偏差修正、置信区间设定等选项，找到与主样本最为接近的配对样本，进一步增强了配对样本选择的严谨性，有助于提高研究结论的可靠性。

第 2 章

概念界定、文献述评与状况描述

本章在界定会计重述的规范含义和实证样本的基础上，从会计重述的影响因素和经济后果两大方面对相关文献进行总体回顾与评述，总结了已有研究的贡献与不足，指出了会计重述研究尚存的探讨空间及可行性，从而引出本书要研究的关键问题。通过对中美会计重述公告与会计重述公司状况进行描述性分析与比较，有助于从时间和空间维度整体把握会计重述这一研究对象，为后续理论分析和实证检验奠定基础。

2.1　会计重述界定

从规范研究对会计重述的解释来看，各方虽然表述不同，但并不存在实质性的差异。通常认为，会计重述，是指企业自愿或被强制要求对已公布的财务报告进行部分或全部信息的重新表述。然而，从实证研究的样本选择来看，会计重述的界定标准在我国并不统一。从对国内相关实证文献选样标准的分析中发现，总体来说，重述样本的界定标准可分为两大类：一是指专门针对定期财务报告发布补丁公告的公司，以对年报发布补充公告、更正公告、补充及更正公告的公司为主（以下简称为：财务报告补丁样本），如魏志华、李常青和王毅辉（2009a）；二是指发布会计差错更正公告或在会计报表附注中对会计差错进行更正说明的公司（以下简称为：会计差错更正样本），如姜英兵、崔刚和汪要文（2010）。

之所以会形成这样的分歧，主要原因是我国会计重述相关准则变迁及实践中形成的"会计差错更正"、"前期差错"、"追溯调整"、"追溯重述"、"财务报告补丁"等术语，与会计国际趋同语境下引入的"会计重述"、"财务重述"、"会计报表重述"、"财务报告重述"、"财务错报"等术语在形式或内容上存在交集而引致混淆。1999 年 1 月 1 日实施、2001年修订的企业会计准则，首次提出了"会计差错"的概念。此时的准则只要求上市公司把对会计差错的更正信息在报表附注中披露。这一对会计差错信息披露不够突出的缺点，给盈余管理带来很大空间。为此，在对会计差错进行了专题研究后，证监会于 2003 年 12 月 1 日发布了第 19 号针对上市公司信息披露编报的规则《财务信息的更正及相关披露》（以下简称：第 19 号披露规则）。在这一规则中，首次要求上市公司以重大事项临时公告的方式及时地对财务信息进行重述并披露。2006 年 2 月新企业会计准则颁布，又在第 28 号准则《会计政策、会计估计变更和会计差错更正》中以首次提出的"追溯重述法"取代了长期实行的"追溯调整法"，即要求重新编报以前年度的财务报表，并将修正后的报表和原报表一起并列于官方信息披露平台，以便比较及避免信息误判。

　　基于此，很有必要对财务报告补丁样本和会计差错更正样本进行分析，找出最符合会计重述内涵的实证样本，以增强结论的说服力和可比性。通过对 2003～2009 年的财务报告补丁样本的整理分析发现，从数量上看，补充公告占比超过 1/3（38.43%），更正公告占比接近一半（49.76%），其他则为补充及更正公告。从内容上看，补充类内容主要包括：对关联债权债务往来、担保事项等的进一步说明；对分地区、分产品主营业务收入及利润情况说明的明细表；实际控制人、参股股东、高管任职及薪酬情况等的详细说明；报告期内投融资决策及进展的再说明；公司接待调研、采访及未来发展展望等信息。可见这些补充类内容几乎都与会计差错无关。更正类内容，主要可分为三类：第一类是由于笔误疏忽或电脑系统等导致的错误，如错行、遗漏、重复粘贴、数量单位错误等；第二类是由于对会计准则或法规的理解偏差导致的错误，如对购买日确定标准理解有误导致相关数据更正、新旧会计准则协调导致的差异、由于对指标计算基准标准不统一导致的相对比例计算错误；第三类是会计准则规定需要进行重点重述的会计差错更正，但占比还不足财务报告补丁公告总数的 1/4，只有不足一半的公告涉及利润指标，且往往涉及的金额或调整幅度非常之小，以至于可完全排除企业以此手段进行盈余管理的可能性。而会计差错更正样本则重点针对违反会计准则及相关标准的会计差错予以更正（具体内容和原因在接下来的各节中将予以重点分析），比财务报告补丁样本更能反映出会计重述的本质。因此，在本书的样本选择中，主要选取的是会计差错更正样本，比较分析时也采用的只是使用会计差错更正样本进行检验的相关文献。另外，为与国际主流文献保持一致及进一步增强研究结果的可比性，在本书中未采用"会计差错更正"而使用了"会计重述"这一术语①。

2.2 文 献 述 评

与会计差错有关的会计学文献可追溯到 20 世纪 60 年代分别发表在《会计评论》（*The Accounting Reveiw*）和《会计研究杂志》（*Journal of Accounting Research*）上的两篇规范性文章。福克斯（Fox，1961）言及与会计计量和会计控制相关的各 3 类非故意差错，并提出在统计中广泛应用的差错形式理论（formal theory of errors）可用来减少核算时的会计差错。布瑞夫（Brief，1965）综评了 19 世纪的会计差错情况，指出资产减值计提不及时、新旧资产更换时资本消耗计入成本不及时，是导致当时会计差错产生的两种典型表现；会计人员理解不准和谨慎性原则的使用是这一时期会计差错产生的两个重要原因。20 世纪 70 年代末以来，实证会计方法才逐渐被用来研究与会计差错相关的问题，如拉梅奇、克里格和斯佩罗（Ramage，Krieger & Spero，1979），海姆、劳塞尔和斯密李奥斯卡斯（Ham，Losell & Smieliauskas，1985）。而在会计学研究文献中开始大量出现"重述"（Restatements）而非"差错更正"（Corrections of Errors）或"错报"（Misstatement/Misrepresentation）等术语，则始于 21 世纪初诸多会计丑闻曝光及 SOX 法案的颁布，也正是从那时起，学术界对会计重述问题的研究渐呈方兴未艾之势。截至目前，针对会计重述这一研究对象，国内外已有文献着力研究并试图解决以下三方面的问题：第一，什么样的公司容易发生重述；第二，为什么会发生会计重述；第三，会计重述会产生什么影响。本部分的文献述评正是围绕这三方面依次展开。

---

① 由于"财务重述"与"财务报告补丁"在语言形式具有相似性易导致误解，因此即便国内文献中"财务重述"比"会计重述"使用更为普遍，本书仍然选择了"会计重述"这一表达方式。

2.2.1 会计重述的影响因素

1. 会计重述公司的特点

已有文献主要从财务状况和治理特征两个角度来研究重述公司的特点，即探讨具有什么样的财务状况和治理特征的公司更容易发生重述。

财务状况和经营成果视角是国外早期相关研究的关注热点，研究结论也较为一致，即规模越小、经营业绩越差、盈利能力越弱、增长速度越慢、资产负债率越高的公司，越容易发生会计重述，如肯尼和麦克丹尼尔（Kinney & McDaniel，1989）、德丰和吉姆巴沃（DeFond & Jiambalvo，1991）；国内研究也得到了类似结论（如李宇，2005）。巩特尔和莫尔（Gunther & Moore，2003）利用银行业数据的研究表明，银行的财务状况越差，越可能发生低估损失的会计重述。总体上看，财务状况与会计重述的负相关关系，在国内外文献中已基本得到证实。在个别项目上，国内外研究还存在差异，如张为国和王霞（2004）的研究表明，利润低于上期、线下项目产生的收益越高的公司，越可能进行会计差错更正，这与德丰和吉姆巴沃（1991）的线下项目越小越易重述的观点不一致。

随着对财务状况方面探讨的日益成熟，以及公司治理研究的兴起，从治理特征角度来考察重述公司特点渐成这类研究的主流，但相关研究结论不甚统一。

内部治理方面的已有研究发现，董事会及其下设委员会（尤其是审计委员会）成员个人特征、能力、独立性、勤勉程度和薪酬水平等，与会计重述发生概率高度相关。何威风和刘启亮（2010）发现，高管规模、性别与重述正相关，高管年龄及任职时间与重述负相关。董事长来自创始家族的公司更易发生会计重述，如阿格拉瓦尔和查达（Agrawal & Chadha，2005）；而董事会或审计委员会成员具有财务专长，CFO 具有更多经验、读过 MBA 或具有 CPA 等专业资格的公司，则不常发生重述（Agrawal & Chadha，2005；Aier，Comprix，Gunlock & Lee.，2005）。董事会独立性强（Dechow，Sloan & Sweeney，1996；Farber，2005）、独立董事兼职家数少（杨忠莲和杨振慧，2006）的公司，其发生重述的可能性小。在以董事会开会次数作为勤勉程度表征的研究显示，越勤勉越不易重述（Abbott, Parker & Peters, 2004；Farber, 2005），但一些早期研究（Beasley, 1996）并没有发现这种相关性。另一方面，股东性质及其控股程度等，也是内部治理机制方面研究较多的（如黄志忠，白云霞和李畅欣，2010）。陈、林和莫（Chan, Lin & Mo, 2003）表明，高管掌握控制权、仅靠会计业绩来考核管理层的企业，更可能发生重大会计差错。于鹏（2007）在控股股东性质与控股程度的交叉作用研究中发现，分散化的股权和国有股权对管理层制约效果相对较差，因而更易发生重述。

外部治理方面的相关研究主要围绕外部审计师展开。如德丰和吉姆巴沃（1991）采用前8大所审计来考察审计师独立性与会计差错发生概率的关系。肯尼、帕尔罗斯和肖尔兹（Kinney, Palmrose & Scholz, 2004）发现，无税收服务或税收服务较少的会计师事务所较少发生重述，且其他服务收费与重述概率正相关；但拉古南丹、里德和维森纳特（Raghunandan, Read & Whisenant, 2004）并未发现非审计服务收费数量、金额等与重述间存在显著相关性。

还有一些研究结合公司的内外部治理特征综合考察会计重述公司的特点。如巴伯、康和梁（Baber, Kang & Liang, 2005）发现，那些通常被认可的内部治理机制（如董事会特征、所有权结构等）与重述的相关性，其实并不如外部治理机制（特别是关于收购成本和股东权利的法规章程）与重述的相关性更强。

另有一些研究表明，会计重述公司还有其他特点。如海姆、劳塞尔和斯密李奥斯卡斯（Ham, Losell & Smieliauskas, 1985）指出，公司业务复杂性与重述正相关；保罗（Paul, 1986）发现，不及时披露中期财务报告的公司，发生重述的概率大；陈、林和莫（2003）对在中国的80多家外国公司的研究表明，不同文化背景的差异会影响注册会计师在审计中发现会计差错的金额。王俊秋和张奇峰（2010）发现，公司所处地区的市场化进程越快、政府干预越少、法治水平越高，发生会计重述的可能性越小。

2. 会计重述的发生动因

据粗略统计，2008～2010年间，我国因会计差错更正而进行重述的上市公司中，有超过一半是由监管当局（证监会/局、税务机关、财政部、国资委、审计署/厅、海关等）发起的。一些实证会计研究文献也显示，会计重述（尤其是高报盈余的会计差错）与盈余管理存在高度相关性（如张为国和王霞，2004；Badertscher，Phillips，Pincus & Rego，2009）。另有一些研究直接用会计重述取代模型估计来表征盈余管理以进行研究。因此，会计重述除了监管外因和公司特点这一内因外，往往具有更为关键的深层内在动因。已有文献研究成果显示，这些深层动因主要包括：满足融资需求、达到分析师预期、内部人利用重述前后股价变化谋取个人私利等。中国会计学者的实证研究也多次表明，有 IPO、配股、扭亏、保牌等与股权融资动机相关的公司更容易粉饰其盈利能力指标以规避监管（陈小悦，肖星和过晓艳，2000；蔡祥和张海燕，2004），而滥用会计重述就是其中的手段之一，因而资本市场驱动下的融资需求动机在我国能得到更好的解释。在西方，后两个动机表现得更为明显。现代企业中所有权与经营权分离，剩余控制权与剩余索取权不匹配，内部人拥有第一手信息，有动机和能力利用信息优势来寻租。李和张（Li & Zhang，2006）发现内部人会利用信息优势在会计重述之前抛出股票以减少股价下跌损失。另外有研究表明，持有股票期权的 CEO 更有动机通过错报影响股价从而增加个人财富，如伯恩斯和凯迪亚（Burns & Kedia，2006）实证表明，CEO 期权组合对股价的敏感度与财务重述可能性显著正相关。德乔治、帕特尔和泽克豪瑟（Degeorge，Patel & Zeckhauser，1999）的研究表明，为保持公司市值及达到分析师预期，上市公司有足够动机采用各种激进手段来操纵盈余，从而容易导致更为频繁的会计重述。

2.2.2　会计重述的经济后果

以上文献综述部分可以归纳为对会计重述影响因素的研究，本部分将重点综述与会计重述的经济后果相关的文献。该领域的研究可以大致分为市场和公司两个层面[①]。

---

① 这一分类只是大致区分，因为市场层面和公司层面并非楚河汉界，不可避免地存在一些交集。

1. 市场层面

市场层面又可分为证券市场反应与信贷市场反应两大类。证券市场反应主要是指股票市场的反应，即指参与股市的各类投资者（包括普通投资者、证券分析师、机构投资者等）对会计重述的反应。已有研究通常使用事件研究法来检验公告前后几个交易日的累计超额回报率，以检验会计重述的短期市场效应；使用公告前后几年的盈余反应系数来检测公告的长期市场效应。一系列研究表明，会计重述通常会带来4%～21.8%不等的市值损失（Anderson & Yohn，2002；Palmrose，Richardson & Scholz，2004；GAO，2007）。由于传染效应和竞争效应的并存，发起方、重述原因与性质、涉及会计科目及金额等不同类型的重述公告会引起不同的市场反应（Callen，Livnat & Segal，2006；Hirschey，Palmrose & Scholz，2003；魏志华、李常青和王毅辉，2009b）。赫里巴尔和詹金斯（Hribar & Jenkins，2004）发现，重述后投资者会减持重述公司股票，增加公司的资本成本。克瑞维特和谢夫林（Kravet & Shevlin，2006）表示，公司在重述后的信息风险会上升，影响其股票报酬率。涉嫌欺诈、涉及核心会计指标等坏消息型的会计重述，在带来显著负面市场反应的同时，还容易引致股东诉讼和高价赔偿（Palmrose，Richardson & Scholz，2004；Lev，Ryan & Wu，2008）。

关于信贷市场反应的研究，集中在以银行为代表的债权人对会计重述的反应上。格雷汉姆、李和邱（Graham，Li & Qiu，2008）检验发现，重述后公司的贷款利率更高、贷款期限更短、保护性条款更严格；同时还发现，重述能影响贷款结构（表现在每笔贷款的借款人数下降），且公司需要支付更多的预付费用和年费（Upfront and Annual Fees）。这说明银行使用了更紧缩的贷款契约项目以规避由重述带来的信贷风险和更严重的信息披露问题。为了进一步分离重述的财富效应和信息效应，作者还加入了重述后分析师预测利空或利好的虚拟变量进行交互检验。纽贝里和帕塔萨拉蒂（Newberry & Parthasarathy，2007）研究了会计重述对公开债券市场和私人债务市场的影响，结果显示重述增加了债务成本、财务订约及私人债务与公共债务之比。何威风（2010）从会计重述视角研究了我国银行贷款的治理作用（债务监督作用）。在控制公司财务特征和治理特征后发现，重述后银行对公司的贷款利率比财务重述前高出大约60%；利用抵押、担保和信用三种不同贷款保护条款的分样本检验发现，重述对银行贷款利率的影响依次递减；研究还发现，重述对银行贷款期限和贷款总额的影响不显著。进一步研究还表明，民营控股上市公司比国有控股上市公司在重述后承受了更高的贷款利率；西部、中部、东部地区因市场化程度的差异也导致了重述后依次要求更高的利率。

2. 公司层面

会计重述经济后果的另一层面研究主要是指会计重述对重述公司及其同类非重述公司的影响。德赛、霍根和威尔金斯（Desai，Hogan & Wilkins，2006）发现会计重述对高管变更的影响是业绩对变更影响的增量，且在重述后外部董事比例和前 5 大股东持股都有所上升。阿尔托德、瑟托、道尔顿等（Arthaud-day，Certo，Dalton & Dalton，2006）的研究也显示，重述公司更可能经历 CEO 变更、CFO 变更、外部董事变更和审计委员会变更。与此同时，相关的质疑和争议也未曾停止，如卡尔波夫、李和马丁（Karpoff，Lee & Martin，2008）分析了德赛、霍根和威尔金斯（2006）犯第 I 类和第 II 类错误的概率，质疑其结果的可靠性。还有一些研究结合《SOX 法案》颁布与高管变更一起来考察会计重述对公司治理的影响，如柯林斯、迈斯利、瑞德安达和桑切斯（Collins，Masli，Reitenga & Sanchez，2009）发现，经理人市场对重述公司卸任 CFO 的处罚在 SOX 法案颁布后变得更加严厉。由于会计重述往往意味着较差的审计质量或审计失败，因而重述与外部审计师变更有相关性。刘、拉格胡南丹和拉玛（Liu，Raghunandan & Rama，2009）发现，重述后股东对审计师的认可度将发生变化，会倾向投反对票以解聘会计师事务所。另有文献把内外部治理结合起来考察重述的影响，如费尔德曼、里德和阿布德姆哈玛迪（Feldmann，Read & Abdolmohammadi，2009）发现，重述增加了审计费用，但 CFO 变更对此有缓和作用（但 CEO 变更没有这种作用）。

会计重述经济后果的另一个重要方面是对会计业绩的影响，在此方面的研究只是一些零星探讨。从目前掌握的已发表文献来看，探讨会计重述与盈余质量的研究在国内外共有 3 篇。熙（Hee，2008）通过对重述盈余与原始盈余持续性的对比，试图说明重述事件对盈余质量可以产生积极影响。黄、上官和瓦苏德（Huang, Shangguan & Vasudevan，2009）发现，进行过会计重述的公司在收益确认方面会变得更加稳健。王霞和薛爽（2010）以 1999～2006 年的会计差错更正公司样本，回答了重述前公司的盈余质量较差的问题及市场认知偏差的存在性。

理论界对会计重述信息传递效应存在两种相反的观点：其一，会计重述具有传染效应，即由于会计重述很可能意味着公司存在经营和管理等方面的不良问题，因而投资者也会质疑与其处于相似环境的同行业其他公司，对其产生与重述公司相同的认知行为和市场反应。其二，会计重述具有竞争效应，即认为重述引起行业内资源的重新分配，因而投资者在降低对重述公司信心的同时，反而会提高对同行业内重述公司的预期。国外相关研究往往集中在实证两种效应的短期相对作用大小，以及对影响这两个效应的影响的分析上（如 Xu, Najand & Ziegenfuss，2006；Akhigbe & Madura，2008；Gleason, Jenkins & Johnson，2008）。

2.2.3　已有文献的贡献与不足

由上述文献回顾易见，现有文献对会计重述问题进行了一系列探讨并取得了诸多成果。具体说来，在会计重述的影响因素方面的研究广度和深度都已经比较系统，研究结果也较具说服力。在会计重述的市场反应研究上，国内外学者对重述的长短期市场反应做了不同时期、不同情况下的考察与检验，也基本上得到了统一或互相补充的结论。但是，在公司层面的经济后果研究中却存在一些明显不足和值得深入研究的问题，具体表现在：

第一，目前国外关于会计重述对公司治理变化影响的研究还存在不少争议（Karpoff, Lee & Martin，2008），表现在重述样本选取、变更对象选择、实证研究设计等多方面，这可能与公司治理涉及的影响因素众多且存在内生性问题有关。国内仅有的 2 篇与之有关联的文献研究，也只是小样本探索，而未有针对性的较为系统的理论分析和实证检验。高管变更及其薪酬作为公司治理变动中的首要问题和重要内容，必须率先予以探讨，否则其他重要内容将无从展开，而现有文献尤其是国内文献对此问题阐发不足。因而会计重述对公司治理变化尤其是高管变更与高管薪酬影响的研究有其必要性和拓展空间。

第二，会计重述的初衷是希望公司通过重述尽量还原其财务会计信息的本来面目，并以此为戒作出积极的改善。但关于会计重述后公司盈余质量是否较重述前有所变化的文献很少。国内有关会计重述与盈余质量的文章仅有王霞和薛爽（2010）一篇，且其回答的是盈余质量对会计重述的影响，并非会计重述对盈余质量的影响，即不属于会计重述在盈余质量方面的经济后果。国外的 2 篇文献也存在类似问题，且在研究方法、理论分析和经验测度方面都有许多值得改进和补充之处。

第三，关于会计重述信息传递效应的研究，往往聚焦在对会计重述的短期同行业信息传递效应的考察上，而忽视了对其中长期信息传递效应的研究。由于会计重述公告往往与年度财务报告同期公布，很难分离年报的影响因素，只使用事件研究法来探讨短期效应，有失简单和偏颇。

2.2.4　尚存的研究空间及可行性

之所以存在上述研究不足或值得深入探讨之处的可能原因在于：一方面，会计重述作为一种对外披露行为，其产生的外部市场反应比其公司本身的治理状况和盈余质量更容易被外界察觉和关注；而且，关于会计重述在公司层面的经济后果的研究假设的提出，往往依赖于会计重述在市场层面的经济后果的研究成果。另一方面的原因主要表现在数据的获取上。国外的会计重述研究比国内更为系统和可比，一个很重要的原因是美国国家审计署（GAO）等权威机构提供了较为权威的会计重述数据库，而在我国则需要手动收集会计重述的数据；且由于历史制度等原因导致会计重述存在多种口径和标准，因此导致了研究对象选择上的差异，从而影响结论的可比性。国内外对会计重述与盈余质量方面的研究都很稀少的原因，除了第一方面的因素外，数据搜索难度大可能是更为重要的原因。由于会计重述往往涉及对盈余等会计指标的更正，而公司层面经济后果检验（尤其是盈余质量检验）时又必须用到这些更正后的指标数值，而目前数据库并未提供这样的现成信息，必须通过手动采集重述公告，并通过阅读公告内容并结合更正前后的年报数据进行耗时费力的手工分类和整理。尤其在我国，2007 年施行新准则前对会计重述披露的重视明显不足，公司相关更正信息的披露很不规范，这都进一步增加了数据获取的难度。加之新准则刚开始施行，研究期间较短，可能存在样本不足的问题。

近几年来，国内基于市场层面研究会计重述的经济后果的文献增多，研究视角日益广泛，成果颇丰，这都为我们对基于公司层面考察会计重述的经济后果提供了良好的研究基础（见图 2-1）。《企业会计准则（2006）》从 2007 年施行至今已经 5 年，除预留出的超前或滞后研究期间外，也已存在 3 年的有效数据，基本可以满足研究需要。

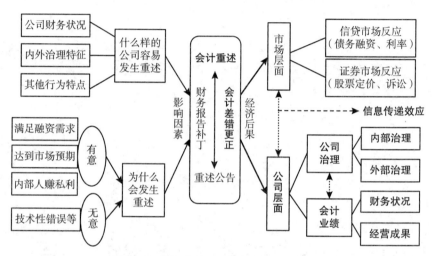

图 2-1 已有会计重述文献的研究思路图

注：黑体字表示与本书最相关的部分，也是已有研究的不足所在。

2.3 状况描述

从目前掌握的文献看，除根据澳大利亚（Ahmed & Goodwin，2007）、奥地利（Stalebrink & Sacco，2007）、中国台湾地区（Chang，Lin & Wang，2011）仅各有 1 篇文献外，其他均为根据美国数据进行的会计重述相关研究。因而本书对会计重述国外概况的说明，未选择其他国家，而只是针对美国而言。同时，在其他条件不变的情况下，越新近发表的研究，其涉及的统计年份越多、内容越周详、不足之处越少；研究机构越权威，其掌握的资料相对会越准确、越全面，数据局限性也越小；内容上的针对性越强，其研究结果往往越完整、越无偏，如同样情况下仅对会计重述进行描述性统计的调研报告，通常比结合会计重述对某一问题进行研究的文献更能反映会计重述事件的全貌。因此，基于时效性、权威性、针对性、可得性的标准，本书在阐明国外会计重述概况时锁定在描述美国数据的 GAO（2007）和肖尔兹（Scholz, 2008）两篇文献上；而对国内会计重述概况说明时则是在手动收集的相关数据基础上的详细分析。

2.3.1 美国会计重述的状况描述

1. 美国会计重述的发生频数与变化趋势[①]

GAO（2007）是美国国家审计署（GAO）于 2007 年 3 月 5 日发布的报告给美国参议院的银行、住房和城市事务委员会的财务重述分析报告，全称为《财务重述——公众公司最新趋势、市场影响和监管实施活动》（Financial Restatements—Update of Public Company Trends, Market Impacts, and Regulatory Enforcement Activities）。该版本是 2006 年 7 月 25 日发布的"GAO - 06 - 678"的修订版，同时还把 2006 年 8 月 31 日发布的"GAO - 06 - 1053R"合并进来作为附录五。相对应的电子数据库"GAO - 06 - 1079SP"也重新进行了发布。之所以进行修订是因为，一些公司的股票未偿贷款反映了尚未转换成普通股票未偿贷款的美国储蓄证券，从而导致在进行影响分析时高估了这些公司的市值。修订版中重新计算了美元影响，使得 2002 ~ 2005 年的累计市场影响变得更低，但这些修正并不影响报告结果、结论或建议。该类报告最早的版本是在 2002 年 10 月 4 日发布的 GAO（2002）即"GAO - 03 - 138"，GAO（2007）在 GAO（2002）的基础上，把研究期间拓展至 2005 年 9 月。

GAO（2007）的研究期间是：1997 年 1 月 1 日至 2005 年 9 月 30 日。通过在律商联讯数据库（Lexis-Nexis, 以下简称 LN 数据库）和美国报纸数据库（US Newspapers and Wires datebase）中进行关键词搜索得到研究所需初始样本。具体搜索方法是在"财务报表"（Financial Statement）或"盈余"（Earning）等名词前后 50 个字范围内查找"重述"（Restate）、

---

① 本书正文及附录中所有与美国数据相关的图表，均根据 GAO（2007）和肖尔兹（Scholz, 2007）提供的原始数据整理分析而成。

"调整"（Adjust）、"修正"（Amend）、"修订"（Revise）等关键词。GAO（2007）对重述范畴的界定是财务报告欺诈或会计差错更正，因而在初始样本的基础上剔除了由于公司兼并或收购、非持续经营、股票分割、发放股利、汇率转换、业务分部定义变化、会计政策变更等造成的重述。

GAO（2007）在附录六中提供了其与当时其他研究机构——休伦咨询集团（Huron Consulting Group，以下简称 HCG）和格拉斯－路易斯投资顾问公司（Glass, Lewis & Co，以下简称 GLC）的重述研究样本范畴界定的差异。HCG 的研究样本是基于证监会的修正年报（10－K/A 格式）和修正季报（10－Q/A 格式），即基于重述申报文档（Restatement Filings），研究区间是 1997~2004 年；GAO 的研究样本主要基于在商业或金融出版物（如华尔街日报）上发布的重述公告（Restatement Announcements），因其认为后者比前者更可能被市场所觉察继而作出反应。故 GAO 的研究样本涉及的是在纽约证券交易所（NYSE）、纳斯达克股票市场（NASDAQ）、美国证券交易所（AMEX）上市交易的公司及在场外柜台交易系统（OTCBB）和全国报价服务系统（俗称"粉单市场"）中的部分规模较大的公众公司；而 HCG 的研究样本中则包含了更多在 OTCBB 和粉单市场交易的规模较小的公司。GLC 与 HCG 的研究样本一样，都取自重述申报文档（Restatement Filings），且其合并了 HCG 和 GAO 两种样本，因而其样本量是最大的，但其研究期间仅为 2003~2005 年。GLC 数据中所指的重述是根据 APB 第 20 号意见书定义的会计差错更正，也就是说不包括会计政策变更、会计估计变更、新准则的采用、结果讨论的变化、文字错误或图表打印错误。

GAO（2007）在附录六中提供了其与当时其他研究机构（如 HCG 和 GLC）的重述研究样本范畴界定差异的比较。尽管三者的样本范围有所不同（详见 2.3.1），但由于在 NYSE、NASDAQ、AMEX 三大交易所上市的公司股票市值约占所有市值的 98%，因而三个机构研究发现的重述频数变化趋势是类似的，即都呈现增长趋势。GAO（2007）显示，2002~2005 年的重述公司数量占同期上市公司总数的比例平均数（以下简称：占比平均数）大约是 1997~2001 年占比平均数的 2 倍（前者是 16%，后者是 8%）。在 2002 年 1 月至 2005 年 9 月间，虽然在三大交易所上市的重述公司总体趋势相近，但具体增幅存在差异，在 NYSE 上市的重述公司增幅最大，从 2002 年的 4% 的增长率到 2005 年的 7%；在 NASDAQ 交易的重述公司从 2002 年的近 4% 到 2005 年的近 7%，且两者都呈现先略降后上升的整体变化趋势；AMEX 的情况则是每年的增长率都在缓慢上涨，从 2002 年的 2% 左右到 2005 年达到差不多 5.5% 的增长率；从数量上看，在 NASDAQ 交易的重述公司的绝对增长量最多，但三大市场中重述公司占比最高的还是 NYSE。由于 NYSE 比美国其他交易所拥有的大公司数量多，因而这一点可能说明了规模越大的公司越可能发生重述。

美国财政部委托授权美国堪萨斯大学商学院会计系副教授苏珊·肖尔兹（Susan Scholz）调研的 1997～2006 年间美国公众公司日益增加的重述活动的有关报告，发布于 2008 年 4 月，其全称为《美国公众公司财务重述的变化性质和结果（1997～2006）》（The Changing Nature and Consequences of Public Company Financial Restatements：1997 – 2006），旨在获悉这一期间美国财务重述的特征、经济后果及其相应变化趋势。研究期间是：1997 年 1 月 1 日至 2006 年 12 月 31 日。其研究样本有如下几个来源：前半段，即 1997～2003 年间，主要通过在 LN 数据库进行关键词搜索和在证监会的 8 – K 格式、10 – K 格式或 10 – Q 格式的重述申报文档中获得研究样本[①]；在此期间也有部分重述是从 GAO 研究报告列表和审计分析重述数据库（Audit Analytics，以下简称 AA）中进行相应年度的检索补遗时获得的（GAO 主要涉及 1997～2001 年，AA 主要涉及 2001～2003 年）。通过比较前半期间的这些数据来源发现，AA 几乎涵盖了 GAO 列表和 LN 搜索中的所有重述样本。因而后半期（即 2004～2006 年）的重述原始样本均取自 AA。1997 年至 2006 年共得到 7398 个重述样本。鉴于 AA 有时会把同一公司的初始公告和修正公告当作两个重述样本处理，肖尔兹（2008）对此进行了剔除，最终得到用来分析该期间重述趋势的 6633 个研究样本，其中既包括在纽约证券交易所（NYSE）、美国证券交易所（AMEX）和纳斯达克全国市场（NASDAQ National Market）上市（以下简称：三大主要股票交易所）的

---

① 重述的往往是针对 8 – K 格式（临时报告，Current Report）、10 – K 格式（年报，Annual Report）或是 10 – Q 格式（季报，Quarterly Report）的原始报告结果进行修正。呈报修正结果的最典型方式是 10 – K/A 或 10 – Q/A 格式；公司有时也用 8 – K 形式报出；如果是注册登记文件，也可能使用 S 系列格式进行修正；也有的公司是直接根据修正后的结果仍然使用 10 – K 或 10 – Q 格式报出。

公司①，也包括了非上市但发行股票进行交易的公众公司。肖尔兹（2008）对重述范畴的界定与 GAO（2007）类似，聚焦的都是差错更正和违规，而不包括会计政策变更和会计估计变更。由于重点关注的是对一般公认会计原则（GAAP）的违反或错用，因而不按 GAAP 进行财务报告的国外重述公司不包括在内，对此主要是根据所使用的 SEC 财务报表呈报格式来判断，即删除 6 - K 格式和 20 - F 格式的重述申报文档②，剔除外国公司重述样本这一点是 GAO、HCG、GLC 数据筛选标准的主要共同点。

肖尔兹（2008）研究发现，重述样本绝对数量从 1997 年的 90 个到 2006 年的 1577 个，增长了近 18 倍。这一增加并非由在三大主要股票交易所（纽交所 NYSE、美交所 AMEX、纳斯达克 NASDAQ 全国市场）上市的重述公司拉动的，而是主要归因于未在这三大交易所上市但仍发行股票的其他公众公司数量的增长。由图 2 - 2 可知③，在这三大交易所上市的重述样本，总数为 3310，而包括非上市但发行股票公司在内的所有公众公司中

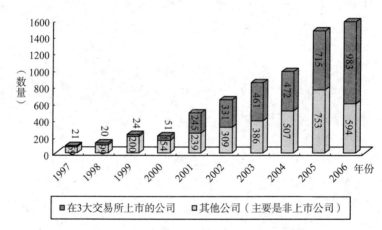

图 2 - 2　美国公众公司会计重述数目年度分布

---

① NASDAQ 市场有两个组成部分：全国市场（The NASDAQ National Market）和小型资本市场（The NASDAQ SmallCap Market），在上柜方面实行的是双轨制。NASDAQ 小型资本市场的对象是高成长的中小企业，其中高科技企业占有相当的比重；全国市场的对象是世界范围的大型企业和经过小型资本市场发展起来的企业。

② 国外发行商提交临时报告、年报或过渡报告的格式是 6 - K 格式和 20 - F 格式。

③ 本研究中基于美国数据的图表均根据 GAO（2007）或肖尔兹（2008）提供的原始数据整理分析得来。

的重述样本总数是 6633，是前者的 2 倍之多。与 2000 年相比，2001 年重述事件在三大交易所上市的公众公司中增速为 55%，而增速在其他非三大交易所上市公司中达到 380%。

1999 年比 1998 年增长了 1 倍多，贡献主要来自在三大交易所上市的公司。有分析认为，1999 年重述事件的增加，应归因于 1998 年底美国证监会对研发成本注销数额等问题的明确[①]。作为会计并购中典型步骤的这种分配和注销，必然影响以前报告盈余，从而导致重述。此外，分析还认为，1999 年 8 月 12 日 SEC 发布的第 99 号会计公告《重要性》（Staff Accounting Bulletin No. 99—Materiality）[②]，强调了从重要性考虑应该既包括量又包括质的考量，为达到对错报的这一重要性要求，重述数量会在一定程度上有所增加。

2000 年比 1999 年的重述数量有略微下降。这可能与 SEC 于 1999 年 12 月 3 日发布了第 101 号会计公告《财务报表中的收入确认》有关（Staff Accounting Bulletin No. 101—Revenue Recognition in Financial Statements，详见 http：//www. sec. gov/interps/account/sab101. htm，以下简称 SAB101）。因为 SAB101 明确了一系列关于递延收入的确认问题，从而可能减少其后几年收入重述的数量。

从 2001 年开始的 5 年间，重述事件持续大幅增加，不论在哪种交易所上市或交易的公司，都保持了平均 30% 以上的增速。这段时间重述错报的增加与经济下滑密切有关，因而错误陈述的发生和披露，往往与公司的融资困难有关。从 2000 年 3 月开始的技术泡沫破灭，使美国经济经历了一个显著的萧条。2001 年的 9·11 事件，更使得美国当年第三季度的经济基本面加速恶化。安然公司（Anron）、阿德菲亚公司（Adelphia）、世通公司（Worldcom）分别因会计丑闻于 2001 年 11 月、2002 年 4 月、2002 年 6 月相继发布重述公告，各界开始对会计问题予以密切关注。

另一方面，这一期间监管的加强也是重述增加的关键因素。一系列财务会计虚假案件暴露出美国现行法律法规中的诸方面不足，人们寄希望于通过信息披露的真实可靠来保护投资者利益，促使了美国对资本市场监管制度和信息披露制度的变革。这一变革的重要产物是时任美国总统的乔治·布什

[①] 详见 http：//www. sec. gov/info/accountants/staffletters/aclr1009. htm。

[②] 详见 http：//www. sec. gov/interps/account/sab99. htm。

（George W. Bush）于 2002 年 7 月 30 日签署的《2002 年萨班斯—奥克斯利法案》（Sarbanes-Oxley Act of 2002，以下简称《SOX 法案》）。《SOX 法案》在公司高级管理人员责任、会计师行业监管、外部审计独立性、防范证券分析师利益冲突等各个方面提出了许多新的严格要求。值得一提的是，对公司高管人员（尤其是首席执行官和首席财务官）在公司治理及财务信息披露方面的责任和权利予以细化，通过加大其法律责任（特别是刑事责任），就提供不实财务报告设定了 10 年甚至 20 年的刑事处罚，以此来提高舞弊成本，从而保障公司披露信息的可靠性和真实性。同时在第 101 条中授权设立美国公众公司会计监管委员会（The Public Company Accounting Oversight Board，以下简称 PCAOB，主要作用是监管公众公司审计师）。这些对内部控制和提高财务报告关注度的举措无疑增加了会计重述事件的发生。

2005 年无论是在三大交易所上市公司还是其他公众公司的重述数量都有了 50% 左右的大幅增长，主要与 2005 年 2 月 2 日 SEC 在信件中对 GAAP 租赁会计问题的明确规定有关。这也是 2006 年相比 2005 年重述公司数量增幅下降（尤其是在三大交易所上市的重述公司出现负增速）的一个重要原因。剔除这些特殊会计问题的影响，2005 年和 2006 年的重述数量和占比都显著高于 2004 年。

综上所述，美国重述发生频数从 2002 年左右因会计丑闻和相关法律颁布而有了显著增长。其中，在近几年中，这一增长主要是由非上市公司的公众公司带动；各证券交易所上市公司的增幅和变化趋势基本类似，均呈现较为稳步的上升趋势。美国重述发生频数增加的主要推动力来自相关法案及会计标准的颁布或调整。即在美国，监管压力与重述概率正相关，且为关键影响因素。

2. 美国会计重述公司的行业隶属

根据肖尔兹（2008）的描述统计结果，以及对其原始数据的整理分析得出：总体来看，重述数量占比居前 5 位（占比通常在 10% 以上）的行业分别为：制造业、技术业、金融业、服务业、批发零售业。根据本研究样本进行的中国重述公司的统计显示，制造业、综合类、房地产业、批发和零售贸易、金融保险业、社会服务业、信息技术业、电力煤气及水的生产和供应业等是重述发生概率较高的行业，但各年间相对比例略有不同，不如美国重述公司所在行业集中度高。另外，鉴于制造业涉及的范围较广且业务复杂，因而对制造业子行业隶属分年度进行了对比。结果显示，在中国上市公司中，机械、石化、医药、电子、金属、食品是重述比例较高的制造类子行业①。

　　由图 2 - 3 易见，1997 ~ 2006 年这一研究期间内，除技术业和批发零售业外，其他行业的重述公司占比在各年变化幅度不大。技术行业由起初几年的占比 20% ~ 30% 下降至研究期间后几年的 10% 左右。肖尔兹（2008）认为，技术行业在 1998 年后重述占比持续下滑的原因在于美国技术泡沫的破灭。批发零售业也算是与其他行业不太一致的一个行业，其占比在 2005 年突然冲高，这主要是由于租赁重述相关会计标准的发布。这也反映在该行业中核心费用重述占比较多上。

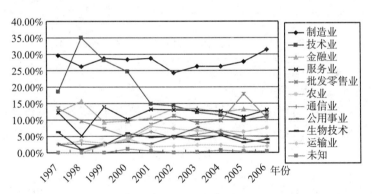

图 2 - 3　美国会计重述公司行业隶属年度分布趋势图

3. 美国会计重述公司规模

　　美国重述公司在 1997 ~ 2006 年的平均总资产是 52.5 亿美元。如图 2 - 4 所示，重述公司的总资产均值从 1997 ~ 2005 年间逐年增长，在 2006 年趋于平衡②。在 Compustat 数据库中的所有公司也呈现出与重述公司规

---

① 各子行业的全称详见附录一。
② 资产用重述公告前最近的财务年末数据来衡量，若无可用数据，则用其下一年的数据替代。

模年度变动类似的趋势。图 2 - 5 显示，1996 ~ 2001 年间重述公司规模均值略微小于所有公司规模均值，在其后年份则正好相反。但是这一差异在任何一年中都不存在统计上的显著性[①]。

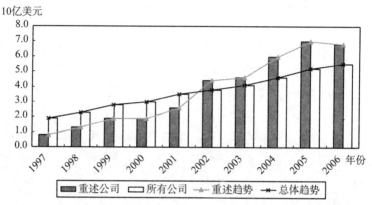

10亿美元

图 2 - 4　美国会计重述公司与所有公司总资产均值分年度比较

美国重述公司在 1997 ~ 2006 年的总资产中位数是 1. 77 亿美元。对重述公司与 Compustat 所有公司的中位数差异进行了非参数检验，统计显著的年份已在图中用星号予以标示（除 2002 年 Z - score 的 P 值是 0. 06 外，其他显著年份的 P 值都小于 0. 001）。具体说来，在 1999 年和 2002 年重述公司总资产中位数相对更大，在 2001 年和 2006 年重述公司总资产中位数相对更小。

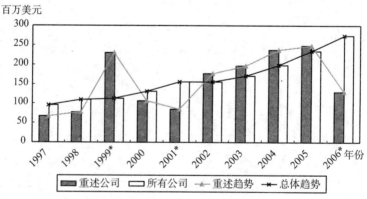

百万美元

图 2 - 5　美国会计重述公司与所有公司总资产中值分年度比较

---

① Compustat 所有公司与重述公司规模均值的 T 检验结果在 10% 的水平上不显著。

1997～2001 年间，除了 1999 年涉及 IPR&D 影响外，重述公司的规模普遍相对较小。2002 年开始到 2005 年，重述公司的总资产中位数开始逐年增加，与所有公司的变化趋势类似。这一开始年正好是会计丑闻集中爆发以及主要针对大公司的《SOX 法案》颁布前后。这一期间也正是财务报告内部控制准则（ICFR）的实施期间（2003～2005 年）以及租赁相关规定发布年（2005 年），而涉及 ICFR 和租赁重述的往往是规模较大的公司，因而使得 2002～2005 年重述公司规模呈现上升趋势，且超过了所有公司的总体规模水平。到 2006 年，重述公司的中位数跌至接近 2002 年前的水平，而 Compustat 所有公司规模仍呈上升趋势。

2.3.2　中国会计重述的状况描述

1. 中国会计重述的发生频数与变化趋势[①]

无论是会计重述公告还是会计重述公司的绝对数量或相对占比，深 A 和沪 A 的重述事件是最多的；从全样本期来看，深 A 和沪 A 这两类市场的全部重述公告、有效重述公告、所有重述公司、年报重述公司样本分别占到相应样本类别总数的 90.67%、91.35%、91.25% 和 90.28%。其他市场类别公司的重述事件则非常之少，许多年份均不足 5 个。中小板市场的重述事件在 2004～2010 年间持续增长，从最初不足 1% 增加到 2010 年的近 15%，但中小板市场重述公司绝对数量偏小，分行业或分原因后每类子样本的个数将不足 5 个；除中小板公司数量较少，会影响后续统计分析结果的稳健性外，中小板公司特质与 A 股上市公司存有较大的差异可能导致经验分析结果有偏，因而在本研究后续的特性分析和后几章的实证分析中，将不再对中小板公司予以特别关注，而只重点研究深 A 和沪 A 重述公司。

图 2-6 和图 2-7 显示的是在 2004～2010 年间深市 A 股、沪市 A 股重述公司占当年深市 A 股、沪市 A 股总数百分比的年度折线图。为更准确地说明这一问题，分别使用了"所有重述公司"和"年报重述公司"

---

① 本书正文及附录中所有与中国数据相关的图表，均为笔者根据手工收集的公司报告等整理分析而成。

两种样本，虽然百分比数略有差异，但整体趋势是完全一致的。

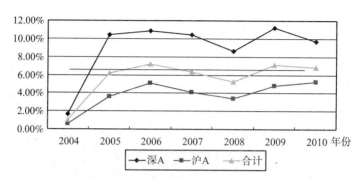

图 2 - 6　深沪 A 股会计重述公司占比年度分布图（所有重述公司样本）

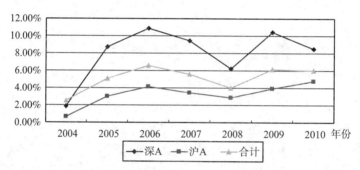

图 2 - 7　深沪 A 股会计重述公司占比年度分布图（年报重述公司样本）

由图 2 - 7 和表 2 - 1 易知，深市 A 股的重述比例明显高于沪市 A 股，这可能与深圳证券交易所的监管更严格细致、在深圳证券交易所上市的公司往往规模较小有关。这与王霞和薛爽（2010）的研究结论类似，但两市差异比其要高。两项研究中这一差异的原因首先在于本研究与王霞和薛爽（2010）的选样标准不同，后者是从年报中一一查找得到，而非只根据临时公告得来。但正如 GAO（2007）中所给出的原因，那些跟年报一同披露而非单独以临时公告披露的会计重述事件，往往会由于年报信息量大而使投资者不易识别和分析会计重述问题，可能会产生误差，因而不适用于研究单纯会计重述的相关问题。这也是本研究的数据相对于王霞和薛爽（2010）的重述样本量较小的原因。

表 2－1　　　　　所有重述公司与年报重述公司占比的深沪两市对比表

年份		2004	2005	2006	2007	2008	2009	2010	全样本期	2004 年除外
所有重述公司	深 A	1.63%	10.45%	10.83%	10.44%	8.63%	11.18%	9.73%	8.98%	10.31%
	沪 A	0.60%	3.61%	5.10%	4.07%	3.38%	4.84%	5.25%	3.84%	4.20%
	合计	0.98%	6.15%	7.18%	6.35%	5.25%	7.08%	6.80%	5.68%	6.40%
年报重述公司	深 A	1.87%	8.75%	10.87%	9.46%	6.22%	10.40%	8.49%	8.01%	9.14%
	沪 A	0.65%	3.01%	4.18%	3.46%	2.86%	3.94%	4.75%	3.26%	3.49%
	合计	0.02525	5.05%	6.56%	5.56%	4.01%	6.15%	6.02%	5.13%	5.47%

虽然深 A 和沪 A 的重述比例存在差异，但在 2004～2010 年这一研究期间中，两市 A 股重述公司的变化趋势是一致的。具体说来，相比研究期间中的其他年份，2004 年深沪 A 股的重述比例都明显偏小。这与姜英兵、崔刚和汪要文（2010）的统计结果类似，其在未剔除多次重述的情况下，在 2004 年的重述比例也只有 1.9%（本研究剔除了多次重述情况，因而重述比例相对更小）。这主要是因为，2003 年年底证监会刚颁布披露规则第 19 号，首次提出为及时披露更正之后的财务报告信息，公司应当采用重大事项临时公告的方式；但在上市公司会计实践中，绝大多数上市公司在日期上把会计重述事项公告日和年度报告披露日选在了同一天，在内容上使会计重述披露与年报附注中的披露一致，因而使得"临时公告"流于形式（王霞、薛爽，2010）。在本研究采用的仅以临时公告来判断公司是否进行会计重述的方法选样时，必然得到 2004 年的重述占比极小。这也在一定程度上说明了我国证监会披露标准实施滞后性较大、执行力度较弱。

2005～2007 年的 3 年间，重述比例保持了相对较高的水平（深 A 和沪 A 所有重述公司平均占比分别为 10.57% 和 4.26%）。其中，2006 年重述比例是三年中最高的，且在年报重述样本的统计趋势中表现得更为明显。与美国《SOX 法案》颁布前后重述比例大增的原因一致，这一期间正是我国新企业会计准则颁布前后。2006 年 2 月 15 日颁布的新企业会计准则达到了与国际会计准则的实质性趋同，许多旧规定得以修正和变更，许多涉及公允价值等的易混淆内容和进行盈余管理的空间在一定范围内加大，这都在很大程度上导致了重述事件的增加。

2008 年重述事件发生率有了一个明显的下降，这主要可归因于当时国内外的经济环境的变化。时值金融危机爆发期间，许多公司面临公司内外各项风险，有些甚至要面临破产或在破产边缘，银行等信贷部门也变得更为谨慎，监管部门对会计问题关注的迫切程度有所减弱。因而这一年重述数量有大幅度降低。相应的，在2009年之后重述比例又开始有一定的增长，并呈现出渐趋平稳上升的趋势。

2. 中国会计重述公司的行业隶属

由图2-8和图2-9可见，在本研究所在的2005~2010年这一研究期间，制造业重述公司占比在各年变化幅度最大，而这主要是由于医药和电子两个子行业的较大幅度变动引起。房地产业和综合类行业在各年变化幅度相对也比较大，且这两类行业的变化趋势较为一致，但与制造业有明显不同，甚至呈现相反趋势。这说明行业因素对会计重述具有一定程度的影响，在后续实证分析中应注意对行业因素的控制。

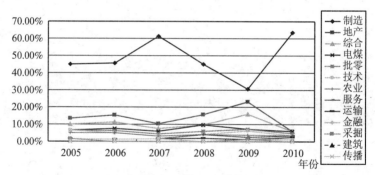

图2-8　中国会计重述公司行业隶属年度分布趋势图

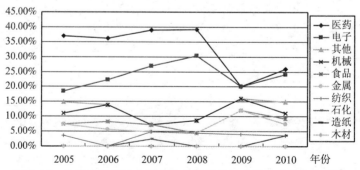

图2-9　中国会计重述公司制造业子类行业隶属年度分布趋势图

为与美国相对比，上述图表采用了与肖尔兹（2008）类似的列示方式，但实际上这一比较的前提是，各类行业公司总数相差不大。很显然，我们上市公司并不完全满足此条件。制造业占重述公司所在行业总数的比例大，更可能是因为制造业本来公司数就多。因而绝对数的比较只能部分地说明问题。还需要从相对数的比较来观察我国会计重述公司行业分布情况。由于无法获知美国非重述公司的相关原始数据，因而只对中国重述公司与非重述公司的相对比例情况进行了分析。

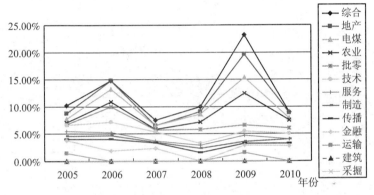

图 2 - 10　中国上市公司各行业会计重述比例年度变化趋势图

通过相对数比较发现，综合类、房地产业、电力煤气及水的生产和供应业、农林牧渔业、批发和零售贸易行业等是重述比例最高的几个行业，且其在研究期间各年的变化趋势较为一致。

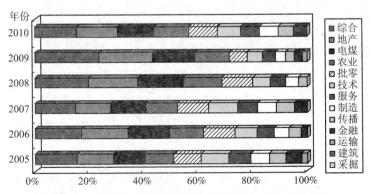

图 2 - 11　中国上市公司各行业会计重述比例年度分布图

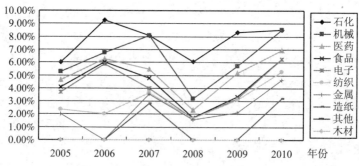

图2-12　中国上市公司制造业子类会计重述比例年度变化趋势图

但对制造业子类的重述比例年度变化趋势分析中发现，制造业的各子行业间的变化趋势差异较大，并未呈现出较为统一的趋势。这说明制造类行业的业务复杂性影响了会计重述的发生概率。因而在后续实证研究中不仅应加入中国证券监管委员会2001年颁布的行业分类中的第一类13个行业，还应该对制造业进行第二类细分，即应在实证研究中加入22类行业控制变量进行经验分析才更为合理。

3. 中国会计重述公司的规模

表2-2　　　中国重述公司与非重述公司总资产均值分年度比较表　单位：亿元

年份	2005 **	2006 ***	2007 ***	2008 ***	2009 *	2010 ***	全样本期 ***
非重述公司	39.18387	43.1	53.16103	81.3793	88.2	104.7969	70.64054
重述公司	26.4916	24.49443	20.64914	28.0433	48.7	30.81742	30.54725
T检验	1.9777 (0.0491)	3.2346 (0.0013)	5.3257 (0.0000)	5.7313 (0.0000)	1.9003 (0.0601)	7.8905 (0.0000)	8.1777 (0.0000)

注：*、**、***分别表示在10%，5%和1%水平上显著。对均值使用的是t检验，对中位数使用的是 Mann-Whitney 的 U 统计量非参数检验（也称作 Wilcoxon 秩和检验）。

表2-3　　　中国重述公司与非重述公司总资产中值分年度比较表　单位：亿元

年份	2005	2006	2007 ***	2008 **	2009	2010 ***	全样本期
非重述公司	14.69889	15.3	16.99439	19.34071	20.08956	22.75742	18.21595
重述公司	15.08244	17.92536	11.47457	12.78271	19.11961	15.47521	15.99683
Z检验	-0.184 (0.8543)	-0.1 (0.9451)	2.641 (0.0083)	2.138 (0.0325)	1.322 (0.1863)	3.538 (0.0004)	3.985 (0.0001)

注：*、**、***分别表示在10%，5%和1%水平上显著。对均值使用的是t检验，对中位数使用的是 Mann-Whitney 的 U 统计量非参数检验（也称作 Wilcoxon 秩和检验）。

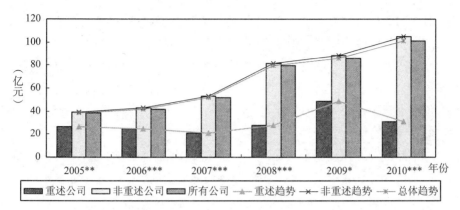

图 2 - 13　中国重述与非重述公司总资产均值分年度比较图

注：＊、＊＊、＊＊＊分别表示在 10%，5% 和 1% 水平上显著。对均值使用的是 t 检验，对中位数使用的是 Mann-Whitney 的 U 统计量非参数检验（也称作 Wilcoxon 秩和检验）。

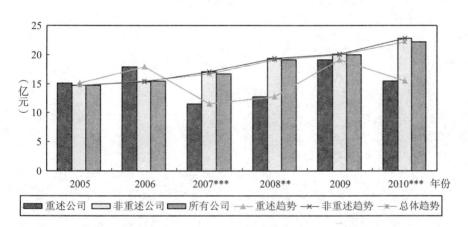

图 2 - 14　中国重述与非重述公司总资产中值分年度比较图

注：＊、＊＊、＊＊＊分别表示在 10%，5% 和 1% 水平上显著。对均值使用的是 t 检验，对中位数使用的是 Mann-Whitney 的 U 统计量非参数检验（也称作 Wilcoxon 秩和检验）。

中国重述公司在 2005 ~ 2010 年的平均总资产是 30.55 亿元人民币。如相关图表所示，重述公司在研究期间平均总资产总体呈现上升趋势，但上升幅度不及非重述公司。对重述公司和非重述公司的均值 T 检验表明，虽然差异的统计显著性水平不一，但是在研究期间的各年中，重述公司的规模显著小于非重述公司。这与深市公司重述比例比沪市高的现象相吻合。这说明，在我国上市公司中，规模对重述的影响比美国要明显得多。

中国重述公司在 2005~2010 年的总资产中位数是 16 亿元人民币，各年的变化幅度较为明显，但未表现出明显的上升或下降趋势。对重述公司和非重述公司的中位数差异的非参数检验结果显示，2007 年、2008 年和 2010 年，两类公司的中位数呈现出统计显著的差异，且均为非重述公司的中位数大于重述公司；其他年份的检验结果未显示出两类公司总资产中位数的差异具有统计显著性。

由此可知，在我国上市公司中，规模越小的公司越可能发生会计重述，规模效应在我国重述事件中的影响程度大于规模效应在美国重述事件中的影响程度。

第 3 章

理论基础与作用机理

本章在上一章文献述评与状况描述的基础上，结合本书要研究的三个主要问题，运用规范分析方法，详细阐释了会计重述导致公司层面经济后果的理论基础和作用机理。本章分为 3 个部分，既对应于要解决的 3 个主要问题，也与第 4 章至第 6 章的实证检验一一对应。

3.1 基于组织社会学的会计重述与公司治理分析

3.1.1 正当性与组织正当性

1. 正当性的起源

正当性（Legitimacy），是一个舶来词，也被翻译作合法性、正统性、合规性、肯认性、合道性、正确性、合理性、公义性等。英文中的 "legitimacy" 一词是由拉丁语 "lex" 衍生而来的。拉丁语 "lex" 的原意是法律、罗马公法或私法，因而 "legitimacy" 的原义是合法。由于在中世纪时有自然法传统，所以合法性的概念仍保留有超越的道德维度，但是现今这些超验根据已式微，再将其翻译作合法性不够恰当，容易沦为法律实证主义的工具。更为重要的是，"legitimacy" 除了合乎法律、合法有效外，还是针对文化制度、观念制度、社会期待等而言（周雪光，2003），涵盖正统、正确、认可、同意等多重含义，因而仅用 "合法性" 很难概括全面其内涵。而且，从中文字面意义来看，"合法性" 更容易被理解为对法律法规的符合或遵守程度，与"legitimacy"所表达的合法意义不同，因而直译为"合法性"容易造成语义混淆；加之在英文中"legality"和"lawful"等词更确切地表达了纯粹的合法性的意思，因而在此未采纳"合法性"这一翻译方式。另外，"肯认性"更多强调的是"legitimacy"的主观性方面，未能表达出"legitimacy"的客观性和规范性内容，因而翻译为"肯认性"也有不妥之处。基于上述原因综合权衡后，本研究将"legitimacy"统一翻译为"正当性"，相应地，"organizational legitimacy"被译作"组织正当性"。①

正当性的起源最早可追溯到古希腊时期（公元前 5 世纪）以柏拉图（Plato）、亚里士多德（Aristotle）为代表的哲学家们对社会价值和社会规范的思辨，之后经许多哲学家不断探讨。法国启蒙思想家让·雅克·卢梭（Jean-Jacques Rousseau）在 18 世纪 60 年代完成《社会契约论》（*Du Contrat Social*），使正当性从"公共意愿"（公意）视角得以进一步丰富和完善。这一时期也被称为规范主义正当性的发展阶段。

2. 组织正当性的产生与发展

真正系统性地、使用经验主义研究范式论述并运用正当性，肇始于德国著名政治经济学家和社会学家马克斯·韦伯（Max Weber）在 19 世纪末20 世纪初对政治正当性的全面阐释。然而，政治正当性不同于组织正当性，前者强调的是权力主客体之间的支配与服从，表现为一种自上而下传递的等级性结构；而后者强调的是组织内外部的利益相关者对组织价值的认同、信任与支持，是一种由圆心向四周的平等辐射结构。组织正当性在很大程度上可以看作是对政治正当性在组织层面的进一步拓展，因而在其后数十年的发展中，组织正当性渐渐从政治正当性中分离出来。20 世纪60 年代，美国现代社会学奠基人塔尔科特·帕森斯（Talcott Parsons）在研究制度经济学时提出了组织正当性概念。随后许多社会学者们都在研究中使用了"组织正当性"这一术语，但对"组织正当性"给予明确定义和描述的文献则很少。而且，对此概念的界定往往过于强调被动的文化从众（Cultural Conformity），而弱化了主动的自我申辩（Overt Self-justification）；往往更重视由被认知和理解来获取正当性，而忽视了组织受欢迎、

①　对本节中有关 legitimacy 的释义和起源等参照了维基百科（Wikipedia）和周濂《现代政治的正当性基础》。

令人满意而带来的正当性。

为此，美国威斯康星大学麦迪逊分校的社会学者马克·萨齐曼（Mark C. Suchman）综合了当时已有的相关观点，在 1995 年发表在《管理学会评论》杂志（*Academy of Management Review*）上的《正当性管理：策略和制度途径》（*Managing Legitimacy：Strategic and Institutional Approches*）一文中，明确提出后来被普遍认同的一个总括性的、具有宽泛基础的正当性定义。即正当性是指以社会建构的系统中的价值观念、行为规范、道德标准、普遍信条为判断依据，组织主体的行动在总体上来看被认为是合意的、恰当的、适合的①。具体说来，首先，正当性是总体上或说普遍意义上的，是因为正当性具有一定弹性，允许小幅度的偶尔偏离或违反。比如组织一次性偶发式地偏离了社会价值标准，但并未造成实质影响，那么组织正当性就不会被损害。其次，把正当性定义为一种看法或假设，是因为它代表的是观察者对他们能观察到的组织情况的反应，因此正当性具有客观规律性，但同时也被赋予了主观能动性。例如，若组织对社会规范标准的偏离没有被注意到或被识别出来，那就不会影响组织正当性。再次，正当性是社会建构的，因为它反映了正当化主体是与社会团体共享信念相符合的，而并非依赖于某些个体的特有价值观。简言之，组织正当性可理解为，组织得到了内外部利益相关者（Stakeholders, Audiences, Constituencies）的广为默许、认可、同意、信任、赞成或支持，即组织实体的价值体系与其所处环境的社会价值体系达到了较高程度上的一致性（而不要求必须具备完全一致性）。

3. 组织正当性的两大学派

目前，组织社会学中对正当性的讨论，主要分为新制度学派和战略管理学派两类观点，也被分别称为新制度主义理论和资源依赖理论。新制度学派的诞生，可以说是以美国社会学家约翰·梅耶尔（John W. Meyer）和布莱恩·罗文（Brian Rowan）的《制度化组织：作为象征符号和典礼仪

①　Suchman, M. C. (1995). "Managing Legitimacy：Strategic and Institutional Approaches." The Academy of Management Review 20 (3)：571 –610. 第 574 页的定义原文：Legitimacy is a generalized perception or assumption that the actions of an entity are desirable, proper or appropriate within some socially constructed system of norms, values, beliefs and definitions.

式的正式结构》一文在《美国社会学杂志》1977 年第 83 卷第 2 期上的发表为标志的①。与传统正当性研究相比，新制度学派的研究对象从政治组织扩展开来，既包括非营利组织，也包括公司等营利组织。新制度学派认为外部环境是整个社会系统为组织正当性施予条件的基础，其决定着企业如何被认知、理解和评价，即组织受制于外部环境的约束。因而当组织行为与外部要求不相符合时，就必须调整自身行为、采取行动以迎合利益相关者（主要是外部利益相关者）的需要。组织对正当性的追求，实际上是为适应外部环境的压力和满足利益相关者的诉求。因而新制度学派对组织正当性的研究，是站在从外向内的角度，重点关注的是外界环境（法律制度、社会文化、观念习俗等）对组织产生了什么影响，以及这些影响是如何产生和施加的。

随着 20 世纪 60 年代战略思想开始运用于商业领域，战略管理学科得到跃升崛起。几乎与新制度学派同时，战略管理学派也日渐兴起，到 20 世纪 70 年代以后被广泛运用于组织关系的研究中。美国斯坦福大学商学研究院组织行为学教授杰弗瑞·菲佛（Jeffrey Pfeffer）和杰拉尔德·萨兰西克（Gerald R. Salancik）合著并于 1978 年出版的《组织的外部控制：资源依赖视角》一书可谓这一学派的代表作。资源依赖理论的假设前提是，鉴于环境因素的不确定性和战略资源的有限性，组织可持续发展所必需的资源，只有与其赖以生存的环境进行互动交换才可完全获取。该理论认为组织是自主行为者而非被动接受者，其重点关注的是组织可以对环境产生何种影响以及如何产生和施予影响。在资源依赖理论下，正当性被视作组织必备的一种重要的无形资源，并且这种资源还有助于组织接近和获得其存续所需要的其他资源。因此可以这样理解，战略管理学派对组织正当性的研究，是站在自内向外的角度，主要内容是研究组织应该如何制定有效的战略行动和策略方式（如通过游说、治理、联合或合并等）以保持竞争力、掌握关键资源，从而掌控环境的变化。

两种学派理论的相同点都是研究组织与环境如何实现协调；不同点是对这一协调的方向是相反的。新制度主义学派聚焦在组织对环境的适应，战略管理学派则聚焦于组织对环境的塑造；前者更多集中在宏观层面，而后者则关注了更多微观层面的内容；前者传递的是顺从、遵循、防御的理

---

① Meyer, J. W. and B. Rowan (1977). "Institutionalized Organizations: Formal Structure as Myth and Ceremony." American Journal of Sociology 83 (2): 340–363.

念，而后者展示的则是主动、积极、争取的理念。从晚近的相关研究中可知，战略管理学派的资源依赖观点更为学者们所推崇。

4. 组织正当性的分类

目前已有文献对正当性大抵有两种分类方法。一类是按照正当性的产生机制及其依赖的行为特性（behavioral dynamic）进行划分，以斯科特（Scott，1995）、萨奇曼（Suchman，1995）、齐默尔曼和塞茨（Zimmerman & Zeitz，2002）等为代表。这一类正当性划分可归纳为，组织正当性包括规制正当性（regulative legitimacy）、道德正当性（moral legitimacy）[①] 和认知正当性（cognitive legitimacy）。这三种正当性分别来自于广义的各种法律法规（尤其是对组织有管辖制裁权的有关部门制定的法律法规）、社会共同的道德规范和价值观念、社会公众广为接受或熟谙的信息感知。依据研究的具体问题，还可补充与之相关的其他类型，如齐默尔曼和塞茨（2002）在研究新创企业的存续问题时，在已有的三种正当性基础上，又加入了一类来源于与组织经营所在行业有关的正当性，即认为不同行业如信息技术行业和石油勘探行业产生和维持正当性的程度是存在差异的。第二类是以达钦、奥利弗和罗伊（Dacin，Oliver & Roy，2007）为代表，把正当性作为组织战略联盟（Strategic Alliances）的重要产出，从战略联盟视角将正当性需求分为 5 类：市场正当性（Market Legitimacy），是指在一个特定市场中进行商业活动的权利和资质；关系正当性（Relational Legitimacy），是指作为一个战略合作伙伴的价值；社会正当性（Social Legitimacy），是指与社会规则和社会期望的一致性；投资正当性（Investment Legitimacy），是指所从事商业活动的价值；联盟正当性（Alliance Legitimacy），是指战略联盟的有效性或适用性。

3.1.2　会计重述发生与组织正当性损害

正如上述所讨论的，组织要想存续必须具备组织正当性，即要求组织

---

① 斯科特（Scott，1995）使用的是规范正当性（Normative Legitimacy），以强调规范和认知行为机制之间的对比；但萨奇曼（Suchman，1995）认为，规范（Normative）一词在有些文献中指的是所有文化规制程序（All Cultural Regulatory Processes），而不仅仅是对与错的意识判断，因此用道德正当性代替规范正当性可以减少这种分歧，故在本研究中所用的术语是道德正当性。

必须达到各利益相关者的认可和期待。对财务报告这一最终产品进行召回的会计重述，意味着公司之前向公众披露的财务会计信息违反了有关会计准则或规范，不符合真实与公允的信息质量披露要求，存在信息遗漏、信息误导甚至信息造假的情况。因此重述财务报告的行为会使利益相关者严重质疑公司的财务状况和经营成果，对组织的不良行为更为关注且更为敏感，会丧失对公司治理机制的信任，大大降低利益相关者对公司财务报告系统的认可与信心，从而对组织正当性造成直接威胁和损害。

经验研究表明，会计重述能够导致公司股价下跌、资本成本上升、信贷成本增加、审计费用变高、股东诉讼等问题。安德森和约恩（Anderson & Yohn，2002）、帕尔罗斯、理查德森和肖尔兹（Palmrose，Richardson & Scholz，2004）、GAO（2007）等许多研究结果均表明，会计重述导致了股票市场价格的显著下跌；由于重述发起方、重述事件性质、重述涉及科目及金额等的不同，会计重述导致了4%~21.8%不等的市场价值损失。如赫斯切、帕尔罗斯和肖尔兹（Hirschey，Palmrose & Scholz，2003）；卡伦、利夫纳特和西格尔（Callen，Livnat & Segal，2006）；列弗、瑞安和吴（Lev，Ryan & Wu，2008）；戈登、亨利、佩切娃和苏纳（Gordon，Henry，Peytcheva & Suna，2008）；魏志华、李常青和王毅辉（2009b）。还有一些研究表明，会计重述降低了公司的未来预期盈余，投资者要求的回报率明显变高，公司权益资本成本显著上升。如赫里巴尔和詹金斯（Hribar & Jenkins，2004）的结果显示，在重述当月，公司的权益资本成本呈现出7%~19%的增加，即使考虑分析师预测偏差及时间流逝导致消散后的保守估计结果，权益资本成本仍然有着6%~15%的上升，且在由审计师发起和财务杠杆较大的公司，资本成本的上升幅度更大。再如克瑞维特和谢夫林（Kravet & Shevlin，2006）使用拓展的法玛和弗伦奇三因素模型的研究结果显示，在一项重述公告颁布后，重述公司的操控性信息风险定价会出现一个显著上升，从而导致预期资本成本的增加。费尔德曼、里德和阿布德姆哈玛迪（Feldmann，Read & Abdolmohammadi，2009）发现，会计重述能够导致审计师评估风险增加，进而导致了更高的审计费用。另外有一些研究表明，股东会因为一些性质严重的会计重述而起诉公司及其高管，形成集体诉讼案件（Class Action Lawsuits）并要求高价赔偿。如阿莫阿（Amoah，2008）；柯林斯、瑞德安达和桑切斯（Collins，Reitenga & Sanchez，2008）。会计重述除了对股票市场带来负面反应外，对信贷市场也产生了不利影响。纽贝里和帕塔萨拉蒂（Newberry & Parthasarathy，2007）的研究发现，会计重述增加了债务成本、财务订约以及私人债务与公共债务的比例。格雷汉姆、李和邱（Graham，Li & Qiu，2008）的检验结果发现，银行使用了更为紧缩的贷款契约项目以规避由会计重述带来的信贷风险和信息披露问题，因而会计重述后公司的贷款利率变高、贷款期限变短、贷款结构变差、保护性条款变得更严格，且重述公司需要支付更多的预付费用和年费（Upfront and Annual Fees）。何威风的工作论文《财务重述与银行贷款》在控制公司财务特征和治理特征后发现，重述后银行对公司的贷款利率比重述前高出大约 60%，且重述对信用、担保、抵押三种不同贷款保护条款下的银行贷款利率影响依次递增。

会计重述引致的这一系列不良后果（adverse consequences），正是组织正当性大幅受损的显著表现。由于组织正当性水平越低，其由负面影响带来的正当性损失的边际速率递增越快，而且这些不利影响间存在交叉作用，又会进一步锐减组织正当性水平，继而使包括投资者和债权人在内的公司各利益相关者对重述公司的认同度和满意度骤降，因此会加大公司外部必需资源的交换难度和获取成本。

3.1.3 公司治理变化与组织正当性修复

组织欲达到可持续性发展，必须保持组织的价值体系与其赖以生存环境的社会价值体系具有大体一致性，即具有一定程度的组织正当性。若组织正当性水平过低，则组织将无法长久存续。因而当会计重述的发生严重损害了组织正当性时，必须采用及时的解决措施以弥补这些消极影响，努力挽救、争取重获认可和支持。如若一个组织缺乏必要程度的正当性，就容易被利益相关者定位为非理性、不值得信赖、不具有投资价值，因而很难得以为继。美国政治学家罗伯特·达尔（Robert A. Dahl）将正当性比喻为蓄水池①，只有正当性达到一定的水平线以上时，组织才能保持稳定；若低于临界水平，则将使组织处于危机险境。

重述公司必须采取可以为公众理解并认可的改进措施才能将公司自身

---

① 参见维基百科词条"正当性"，http：//zh. wikipedia. org/wiki/% E6% AD% A3% E5% BD% 93% E6% 80% A7。

问题得以改善的信号成功传递给利益相关者，从而达到修复组织正当性、重塑公司公信力的目的。通常说来，组织可通过改进自身和改造环境两种方式来主动争取正当性。然而内因是起主要作用的而且是组织更能掌控的，因此对组织架构、管理团队和经营活动的改善，是最可行的重获正当性的方法。为了向公众（利益相关者）展示企业价值体系与社会认可的价值体系的一致性，需要通过合适的途径向社会进行披露能反映企业价值观改进行为的信息。辛格、塔克和豪斯（Singh，Tucker & House，1986）在《组织正当性与新进入缺陷》（*Organizational Legitimacy and the Liability of Newness*）一文中探讨了内部一致性（Internal Coordination）与新创组织死亡率的关系，使用了高管变更（Chief Executive Change）、服务领域变化、目标变化、服务的客户群变化、结构变化①这5种不同类型的指标来表征内部变化，结果显示，只有高管变更可以降低新创组织的死亡率。换句话说，在公司内部改进中，只有高管变更可以显著降低新创企业由于新进入缺陷等导致的高死亡率。由于新创企业面临不可避免的新进入缺陷，能够被用作评价自身质量的信用记录或其他证据严重不足，因而新创企业容易因无法获取企业拥有的正当性继而获取不了必备资源，从而导致与其他企业相比其存续能力差、存续时间短。虽然新创企业的组织正当性缺乏是先天原因造成的，而会计重述公司的组织正当性缺乏是后天因素形成的，但是解决组织正当性危机的迫切性和必要性却是一致的，因而增强组织正当性的方式也极为可能具有相通之处。因而，一个最通常、最直接也最有力的策略是使公司与高管分离，即通过高管变更来向外部委托人发布公司正试图通过组织变化应对公司缺陷、重整旗鼓的信号。鉴于此，有理由相信，高管变更对重塑组织正当性会具有实质作用，会计重述公司可以通过高管变更这一公司内部治理的改进来避免组织信任危机的进一步扩大甚至使组织达到起死回生的良好效果。此外，由于高管变更可能会产生各种成本，影响公司的运作，因而相对高管变更，高管降薪这一措施既易被市场参与者观察到，又可能降低因公司治理变动而产生的成本。因此，出于对

---

① 结构变化是指组织内的任何一种或多种重构，比如工作单元重组（Regrouping of Work Units）或报告关系发生根本改变（a fundamental change in reporting relationships）。参见：Singh，J. V.，D. J. Tucker, et al. （1986）."Organizational Legitimacy and the Liability of Newness." Administrative Science Quarterly 31 （2）：171–193.

公司稳定性和变更带来较大成本的考虑，公司可能不采取解聘高管而是通过对高管进行减薪这一处罚，来达到鞭策高管和重塑组织正当性的目的。

3.2 会计盈余质量特征的理论阐释与经验测度

作为公司经营成果的最终且最直观的表现形式，公司财务报告中的会计盈余是公司各类利益相关者最为关注的信息资源。无论是监管机构的政策方针、各项契约订立和执行，还是利益相关者的财务分析，抑或是在规范和实证会计研究中，会计盈余都是被使用最为广泛的指标。鉴于此，会计盈余信息的质量显得至关重要，尤其需要特别关注。

诺贝尔经济学奖获得者、英国当代著名经济学约翰·希克斯（John Hicks）在其名著《价值与资本》（*Value and Capital*，1946）一书中，提出了通过对比两个时点上的个体价值量的变化来进行定义的经济盈余概念。其后会计学者也套用这一范式，通过对比两个时点上的公司价值变化来定义公司的会计盈余。从理论上说，经济盈余最能体现企业的经济实质，因而越能体现经济盈余的会计盈余，越意味着高质量。因此许多会计学者（Schipper & Vincent，2003；Hodge，Kennedy & Maines，2004）通过会计盈余与经济盈余的一致性程度来评价盈余质量，并得到较为广泛的认可。然而，经济收益无法准确判断，因而这一盈余质量标准只在理论上成立，并不能得以真正运用和计量。因此基于财务会计概念框架的盈余质量特征规范标准、基于会计和市场数据的盈余质量特征实证测度，日渐被监管方、学术界、实务者提出、认可并在会计实践中使用。

3.2.1 基于财务会计概念框架的规范分析

1. 各国概念框架中的会计信息质量特征

财务会计概念框架（Conceptual Framework for Financial Accounting，CF）作为一个专门术语，最初出现在美国财务会计准则委员会（FASB）发布的《财务会计概念结构：财务报表的要素及其计量》中（葛家澍，2004）。但是，制定财务会计概念框架的思想的出现，却比财务会计概念框架作为一个术语的出现要早得多。不同国家对财务会计概念框架说明的公告名称不尽相同。比如 FASB 称为《财务会计概念公告》（Statements of Financial Accounting Concepts，SFACs）；国际会计准则委员会（IASB）称为《编报财务报表的框架》（Framework for the Preparation and Presentation of Financial Statements）；英国会计准则委员会（ASB）发布的是《财务报告原则公告》（Statement of Principles for Financial Reporting，SP）；加拿大称为《财务报表概念》（Financial Statement Concepts）；澳大利亚称为《会计概念公告》（Statement of Accounting Concepts，SAC）；在我国这部分内容则列示于《企业会计准则》的总论部分。虽然各国概念框架的形式名称不同，但内容实质是相同的，即都是对财务会计及会计准则制定过程中涉及的一些基本概念进行阐明，借以更好地指导会计准则的制定或会计实务，为其提供一个更为一致的概念基础。财务会计概念框架通常分为三个层次。财务会计的基本假设、对象和目标为第一层；财务会计的基本要素和会计信息质量特征是第二层；财务会计的确认、计量和报告是第三层。

要实现为财务报告使用者提供决策有用信息的目标，如何确保会计信息达到一定的品质要求，是一个极为关键的问题。会计信息的质量特征是联系财务会计目标和财务报告的桥梁，因此在各个国家的财务会计概念框架中都对该问题进行了详细阐述。表 3-1 中列示了几个有代表性的财务会计概念框架中关于会计信息质量特征的主要观点①。

表 3-1　　　　　　　　　　会计信息质量特征的国际比较

机构	最高标准	主要质量特征	次要质量特征	制约因素
FASB	决策有用性	相关性	及时性、预测价值和反馈价值	效益大于成本重要性
		如实反映	完整性、中立性、无差错	
		加强性质量特征：可比性（含一致性）、可验证性、及时性、可理解性		

① 由于加拿大的概念框架与 IASB 和 FASB 的非常接近，只是更简短扼要，且由于其主要是归纳描述法的产物，因而各部分间逻辑线索不是非常清晰，且各部分内容间缺少内在一致性，因而未将其列入表中。澳大利亚概念框架的基本结构和内容与 FASB 的概念框架不存在根本差异，只是涵盖范围包括了所有公共部门和私人经济实体，这一点比美国的范围更广，因而也未列入表中。

续表

机构	最高标准	主要质量特征		次要质量特征	制约因素
ASB	真实与公允	与报表信息内容有关	相关性	预测价值和反馈价值	及时性效益大于成本重大性
			可靠性	如实表述、中立性、完整性、谨慎、实质重于形式	
		与报表信息表述有关	可理解性	理解能力、汇总和分类	
			可比性	横向可比、一贯性	
IASB	无明确表述	相关性		与重要性紧密相连	及时性成本效益原则
		可靠性		真实反映、实质重于形式、中立性、审慎、完整性	
		可理解性			
		可比性		鉴于 IASB 的宗旨及机构目标	
CAS	客观性（如实反映、真实可靠、完整）、相关性、明晰性（可理解性）、可比性（横向/纵向）、实质重于形式、重要性、谨慎性、及时性				

2. 会计信息质量特征的规范分析

（1）在各国概念框架中得以认可的质量特征。

从世界范围来看，美国的财务会计概念框架不仅形成得早，而且最具有代表性。基于此，除审慎原则外，均以 FASB 最新发布的《财务会计概念公告（第 8 号）》中会计信息质量特征的逻辑为主，辅之以表 3 - 1 中列示的其他概念框架对会计信息质量特征的描述进行阐释。

无论是在"决策有用"（Decision Usefulness）还是"真实公允"（True and Fair）的会计信息质量最高标准的统驭下，相关性（Relevance）和可靠性（Reliability）[①] 都被认为是会计信息的首要质量要求。

如若财务报告提供的信息能够有利于决策者选择相对更上佳的方案，

---

① 2010 年 9 月 FASB 发布的最新的《财务会计概念公告》（第 8 号）中使用"如实反映"（Faithful Representation）一词取代了在 1989 年发布的《财务会计概念公告》（第 2 号）中的可靠性"Reliability"。在此为方便与其他各国财务会计概念框架相比，以及更好地与相关性相对，仍使用的是"可靠性"这一说法，但内容上则与第 8 号公告保持一致。

提升其决策能力、降低其投资风险，那么这样的信息就具备了相关性的品质。相关性这一主要质量特征又至少包括预测价值（Predictive Value）和反馈价值（Feedback Value）两个子质量特征。一项信息具有预测价值是指其能够帮助信息使用者预期某一或某些事项在未来的可能结果；一项信息具有反馈价值是指其能够帮助信息使用者证实或更正以往决策时的预测值，从而帮助信息使用者得以纠正以往的失策或不当。相关性还往往与及时性、重要性联系在一起讨论。概念框架中的及时性或称时效性（Timeliness），是指信息必须在及时提供的前提下才可能是相关的，同时还包括不得随意提前或延后的意义。重要性或称重大性（Materiality）应视实际情况从性质和数量两方面进行判断。

可靠性涵盖了两方面的考虑，一是针对单个会计数据，其可靠性依赖于对原始凭证的真实、完整、合法、合理的要求；二是针对会计数据总体，即经过主观判断、加工汇总、整合分析后形成的财务报表项目的可靠性。信息的可靠性受公司治理生态（Ecology of Corporate Governance）中各因素的制约。考虑到会计信息生产成本的阶梯形边际递增的特点，过分苛求绝对可靠，会骤增交易成本，也未必是最优选择。在 FASB 最新发布的会计信息质量特征说明中，完整性（Completeness）、中立性（Neutrality）和无差错（Free From Error）构成了如实反映的三个要素。中立性是指在报告财务会计信息时做到不偏不倚（Freedom From Bias），完整性和无差错则主要侧重在对现象描述和生成报告信息的过程中，不存在遗漏或差错，而并非在所有方面都完全精确，并非苛求于某些数字的分毫不差，即更强调的是程序的完整和无错。

虽然相关性和可靠性两者缺一不可，但由于受环境、技术、人员及自身特点的影响，同时增进相关性和可靠性是很难达到的，甚至两者有时呈现此消彼长的关系。因此，相关性和可靠性往往需要权衡和协调（Trade Off），因而这时不仅要考虑这些基础性会计质量特征（Fundamental Qualitative Characteristics），还需要结合加强性的质量特征（Enhancing Qualitative Characteristics）：比如横向可比性（Comparability）和纵向一致性（Consistency），从信息使用者接受程度考察的明晰性（Clarity）或可理解性（Understandability）以及可核实性或称可验证性（Verifiability）①。此外，以成本效益原则为代表的会计信息质量特征的普遍约束或限制因素也是在各概念框架中予以强调的。正如鲍尔和席瓦库马尔（Ball & Shivakumar，2005）分析所言，有用的高质量与最优的经济效率并不是完全等同的，因为有时低质量可能是低需要、高成本造成的。这也是成本效益原则被强调的重要原因。

（2）在各国概念框架中存在分歧的质量特征。

在 2010 年 9 月 FASB 发布的《财务会计公告（第 8 号）》中，没有像 1989 年发布的《财务会计公告（第 2 号）》一样，把审慎（Prudence）或稳健性（Conservatism）放在可靠性中。因其认为这是与中立性相冲突的。但除美国外，其他国家和机构的相关概念框架中还是包含有审慎、谨慎性或稳健性（为简化表述，以下涉及这三类时统一简称为"稳健原则"），这也是美国与其他国家概念框架中最主要的不同之处。许多反对撤销这类原则的人士的理由是，这类信息虽然相对完全中立来说是有一定偏差的，但在许多特定环境下，这类信息对使用者来说是更为相关的。本研究认为，由于财务会计概念框架的制定初衷就是为了提供一个更为一致的概念基础，因而为避免可能出现的稳健原则与中立性的冲突或分歧，在概念框架中只保留其一是可以理解的。但是，从会计实现投资者保护的定价功能和治理功能的角度考虑，为避免逆向选择和道德风险，稳健原则是盈余质量考察中必不可少的重要标准。一方面，正如瓦茨（Watts，2003a）和鲍尔和席瓦库马尔（2005）都提到的，在降低高管投资事前预期净现值为负的项目或继续投资事后现金流量为负的项目的概率方面，稳健原则起到了积极地抵减管理者乐观主义和机会主义行为的作用。另一方面，会计信息中的稳健因素可以为贷款定价提供更准确的事前判断信息，能更迅捷地触发基于已约定好的会计比率的债务协议的重新定价，从而避免风险的进一步加大以致变成危机。换句话说，公司债权人出于对自身利益的保护，相对于好消息，债权人对坏消息更为敏感，因而需要更为及时的坏消息。综上，在本研究中与会计重述有关的盈余质量研究中，并未排除稳健原则，仍将其作为盈余质量的一种重要表征予以理论分析和实证检验。

---

① 在 FASB 最新发布的《财务会计公告（第 8 号）》中将可验证性作为了加强性质量特征，而非像《财务会计公告（第 2 号）》时作为基础性质量特征。

稳健性，又被称作稳健性水平（the Level of Conservatism）或稳健性程度（the Degree of Conservatism），有时也被称为会计稳健性（Accounting Conservatism）或报告稳健性（Reporting Conservatism）。按侧重的财务报表不同，稳健性可分为收益表稳健性（可理解为盈余稳健性）和资产负债表稳健性。两者之间具有关联性：会计收益会转入资产负债表，因而盈余稳健性的提高，也意味着资产负债表稳健性的提高；但反过来不成立，即资产负债表稳健性的提高，并不必然表明盈余稳健性的提高。按事前事后或说是否独立于信息，稳健性可分为条件稳健和非条件稳健。简单说来，所谓"条件"是指要考虑市场环境，根据某些利好或利空信息讯号等不同市场条件来决定如何进行处理。要求在不利的市场环境中采用冲减资产价值的方法，但在有利的市场环境下不要求对资产价值进行重估，这就反映了条件稳健。采用成本与市价孰低法来计价期末存货，就是一种典型的条件稳健的实例。相反，非条件只是针对资产或负债本身，而不考虑市场环境条件。要求资产的账面价值从一开始就比其市场价值低，就反映了一种非条件稳健。无形资产研发成本立即费用化、对固定资产计提采用加速折旧法，就是一种典型的非条件稳健的实例。盈余稳健性（Earnings Conservatism），又称盈余的非对称稳健（Asymmetric Conservatism of Earnings）、盈余的非对称及时性（Asymmetric Timeliness of Earnings）或及时确认损失（Loss Recognition Timeliness）。通常所说的盈余稳健性属于条件稳健的范畴。通俗来讲，稳健性原则认为当存在疑惑时，财务报表应低估资产、高估负债，加速确认损失、延迟确认收益（杰米·帕拉特，2009）。这里要特别强调"当存在疑惑时"，因为稳健性原则并不是故意去低估或高估，而是当某项交易或事项具有重大不确定性时，才涉及稳健性原则的运用，才考虑是否选择这种保守方式。因而杰米·帕拉特（2009）认为，由于错误高估公司财务状况或经营绩效而带来的相应责任，在一定程度上促进了稳健性原则的产生和发展。

3.2.2 基于会计数据和市场数据的统计度量

作为财务报告提供的关键信息，会计盈余一直是衡量公司盈利能力和价值增值的核心指标，被广泛用于公司各项契约的签订和执行中。会计盈余信息能否发挥这种估值和契约作用，取决于会计盈余的各项质量特征。基于财务会计概念框架对会计盈余质量特征的探讨，主要是从理论视角对会计盈余质量进行规范分析。但对盈余质量相关的实证会计研究中，则必须将这些质量特征以一定的标准进行定量计算，即使用一些可量化的指标来表征这些质量特征。在多年的与盈余质量相关的实证会计研究成果中，已形成了多种关于盈余质量特征的统计测度方法。由于构建这些质量特征的代理变量主要是基于会计数据和市场数据，因此有许多学者（Francis，LaFond，Olsson & Schipper，2004）据此将这些质量特征的统计度量分为基于会计数据和基于市场数据两大类。在本研究的实证部分就依据这种分类而选择模型及其指标，但在本研究的理论部分，则是依据指标间的相互关系和内容，将这些测度指标分为三大类：一是盈余的时间序列特征；二是盈余及时性与稳健性；三是应计质量。其中，盈余的时间序列特征是财务会计概念框架中的相关性的重要组成；盈余及时性与稳健性则更多的与可靠性或如实反映有密切关系；应计质量则是从盈余管理的视角进行探讨。下面将对此进行详细说明。

1. 盈余的时间序列特征

（1）盈余持续性。

盈余持续性（Earnings Persistence），表明的是本期盈余在未来期间可重复发生的程度，体现的是当期盈余预测未来盈余的能力。根据拉马克里斯南和托马斯（Ramakrishnan & Thomas，1991）的分析，若不考虑由会计变更引起的价格无关盈余（Price Irrelevant Earnings），盈余可按持续性长短分为永久性盈余（Permanent Earnings）和暂时性盈余（Transitory Earnings）两部分。前者是在未来各期间可再次出现的，故具有较高的持续性；后者由于是偶然发生的或一次性发生，故其持续性较差。因此盈余持续性也被称作盈余持久性（Sustainable），即盈余持续性高意味着存在更多的永久性盈余和更少的暂时性盈余。

鲍尔和瓦茨（Ball & Watts，1972）关于盈余的一些时间序列特征的探讨可谓最早的盈余持续性研究的文献。把盈余持续性作为盈余质量的表征，起源于决策有用性的权益估值视角。因而，把股票回报对盈余水平或盈余变化回归的斜率系数作为持续性大小的衡量，是盈余持续性实证研究的一种主要思路。弗里曼、奥尔森和彭曼（Freeman, Ohlson & Penman）在1982年发表在《会计研究杂志》（*Journal of Accounting Research*，JAR）的《账面回报率与盈余变化的预测》一文提出了盈余的自回归模型，自回归系数越大，表示当期盈余持续到下期盈余的部分占比越高，即盈余持续性越高。这开启了通过盈余一阶自回归模型来测度盈余持续性的研究思路。后来奥尔森（1995）引入了超额盈余的自回归性质。在资本市场研究中的估价模型也几乎都直接或间接地使用了盈余的时间序列特征（吴国清，2007），试图确定公司内在价值的基本面分析也非常看重具有持续性的盈余（孙谦，2010）。另外，斯隆（Sloan, 1996）、谢（Xie, 2001）的研究发现，盈余不同部分的持续性是不一样的，由于应计项目比现金流量更易被操控，因而应计项目的持续性要显著低于现金流量的持续性。

高质量的盈余必然是可持续的，这是毋庸置疑的。但是反过来，可持续性的盈余未必是高质量的，这是因为可持续的盈余未必是真实的。因为在公司内部人的干预下，盈余的非持续性部分也可能因为人为操纵而呈现出持续性的表象。因而用盈余持续性来表征盈余质量时，必须加入附以其他视角下的盈余特征进行联合考察。

（2）可预测性。

盈余的可预测性与盈余的持续性类似，早期也主要是从投资决策的有用性角度来表征盈余质量。在实证会计研究中，可预测性是盈余方差的减函数。利佩（Lipe, 1990）提出，盈余的可预测性通过盈余自回归过程中的残差的标准差来度量。残差的标准差越大，当期盈余对下期盈余的预测噪音就越大。换句话说，残差的标准差越大，当期盈余预测下期盈余的准确程度就越小，继而认为盈余质量越低。

（3）平滑性。

平滑性是与波动性或变动性相对应的说法。若盈余是未被操纵的，则盈余越平滑，说明盈余中的不确定性成分越少。一部分原因是因为市场参与者可能认为盈余出现大幅波动是由于公司内部人"洗大澡"造成的。许多研究（Ronen & Sadan, 1975；Chaney & Lewis, 1995）对平滑性进行探讨后认为，人为导致的盈余平滑性是公司内部人利用其拥有的关于公司未来盈余的私有信息来平复盈余的暂时性波动成分。格雷汉姆和哈维（Graham & Harvey, 2001）也证实了经理人员由于担心盈余偏离既有目标或报告盈余的不稳定会有损于公司市价，会倾向追求盈余的平滑性。在实证会计研究中（Leuz，Nanda & Wysocki，2003），衡量平滑性的方法主要有两类：第一种方法，用经营性盈余的标准差除以经营活动现金流量净额的标准差得到的比率来衡量平滑性，这一比率越大，则盈余的平滑性越差。第二种方法，是把应计项目变动额与现金流量变动额的负相关系数作为盈余平滑性存在的证据。这两种方法都有一个共同的前提就是经营活动现金流量净额是未被操纵的，而应计项目是被公司内部人操纵并用来作为平滑盈余的主要手段。

2. 盈余及时性与稳健性

（1）及时性。

从广义上说，盈余及时性可以区分为盈余披露及时性（或称盈余报告的及时性）与盈余确认及时性。盈余确认及时性反映的是会计盈余对经济盈余的反应速度。由于经济盈余既包括经济利得（好消息），也包括经济损失（坏消息），因而经济盈余又可分为经济利得的确认及时性与经济损失的确认及时性。

及时性更高意味着，在当期盈余中确认了更多与价值相关的信息，这一信息既包括当期的，也包括未来的。在价值相关信息总量是一定的情况下，在当期盈余中确认的信息越多，未来盈余中可确认的这一信息就越少。比如，具有某个频繁发生的盈余变化，意味着当期盈余反映了当期回报（代表当期和未来盈余变化的现值）中的部分价值相关信息；相反，某个暂时性盈余变化或一次性的盈余变化，则意味着盈余同时反映了包含在当期回报中的所有价值相关信息；显然，后者的盈余相对前者更具有及时性。因此从某种意义上讲，盈余及时性可以理解为反映未来价值相关信息的及时性。根据反映的信息性质不同，可分为正盈余及时性（利得确认及时性）和负盈余及时性（损失确认及时性）。

实证会计研究中测度的及时性，指的是盈余确认及时性，通常用会计盈余对经济盈余（用股票回报率或权益市场价值变化表征）的反向回归模型的解释力（即拟合优度 R^2）来表示（Basu，1997）。回归模型的解释力越强（即拟合优度越高），说明会计盈余中包含的经济盈余的信息就越多，会计盈余对经济盈余的反映就越迅速。

（2）稳健性。

稳健性是从资产负债表被作为首要的甚至是唯一的财务报表进行呈报的时期逐步发展而来的，当时最常用的含义是预期所有损失而非所有利润。对稳健性的监管方释义的代表是美国会计原则委员会（APB）第4号意见书和美国财务会计准则委员会（FASB）的《财务会计概念公告第2号——会计信息的质量特征》（SFAC No. 2）。其观点可以概括为，稳健性是对不确定性的谨慎（Vorsicht）或审慎（Prudence）反应，是对不利情况下的及早确认倾向，要求不乐观地估计未来应收或应付金额，由此来保证经营环境的不确定性和内在风险得到充分考虑。学术界对稳健性也进行了许多阐释。瓦茨和齐默尔曼（Watts & Zimmerman，1986）认为稳健性意味着若存在多种价值可供选择，则应报告资产的最低价值和负债的最高价值。巴苏（1997）把稳健性界定为盈余反映坏消息比反映好消息更为及时和充分（即认为盈余稳健性体现的是公司在确认和计量盈余时的不对称性），并据此建立了稳健性经验测度模型，弥补了以往学术界对稳健性只以描述说明方式进行解释的缺陷，使得稳健性可以在实证分析中进行量化测度，极大地促进了对稳健性原则实施效果的评价。巴苏（1997）稳健性属于条件盈余稳健，其潜在前提是经济损失由当期的会计收益减少来反映。瓦茨（2003a）通过考虑稳健性的程度进一步深化了稳健性的概念，即对利得可证实度的要求比对损失可证实度的要求越多越严（即对确认好消息和坏消息时要求的可证实程度差异越大），稳健性程度就越高。比弗和瑞安（Beaver & Ryan，2005）把会计稳健性定义为净资产账面价值相对于净资产市场价值的低估，并在已有相关成果基础上明确指出了条件稳健（Conditional Conservatism，即事后或信息不独立）和非条件稳健（Unconditional Conservatism，即事前或信息独立稳健）的内涵差异，设计了识别两者实质区别和相互作用的经验分析方程。

稳健性与及时性的相似之处在于，两者都体现了会计盈余与经济盈余之间的关系。与及时性不同的是，稳健性反映的是会计盈余对经济利得（好消息）的反应速度与会计盈余对经济损失（坏消息）的反应速度的不对称程度。即会计盈余对坏消息的反应比对好消息的反应更及时，则说明存在盈余稳健性。因而在许多实证会计文献中，盈余稳健性的测度指标是根据会计盈余对经济盈余的反转回归中，对坏消息的回归系数除以对好消息的回归系数得到的比率来衡量。这一比率值越大，表明盈余稳健性越高。鲍尔、科塔里和罗宾（Ball, Kothari & Robin, 2000）还认为，及时性和稳健性结合起来，可以用来描述"透明度"。

3. 应计质量

上述对会计盈余质量特征的探讨，在很大程度上都是基于会计盈余是真实盈余的前提下。然而，盈余管理的存在性早已被实证会计研究所证实。由于应计项目相比现金流量更容易被人为操纵或调控，因此许多学者提出判定盈余质量的高低应该基于现金流量观。即会计盈余越接近现金流量，或说会计盈余与现金流量越匹配，则表明会计盈余质量越高。若会计盈余不能转化为现金流入，则说明会计盈余数字有可能是被操纵的，不是如实反映的，从这一角度来说，这一标准与可靠性有关联。另外，由于这一判断标准是通过会计盈余对未来现金流量的预测能力来评价盈余质量，因而本质上也可算作相关性的范畴。在实证会计研究中，衡量会计盈余与现金流量关系，往往是通过应计质量模型来检验的，该模型通过计算出应计项目质量值来判断应计项目与现金流量偏离的程度。这一偏离程度越大，说明会计盈余质量越低。

3.3　行为金融学视角的会计重述信息传递效应分析

3.3.1　公司信息的传染效应和竞争效应

从广义上讲，信息传递效应研究属于信息含量研究的范畴。具体到公司这一微观主体，信息传递效应是指，当公司的一项新消息被公众获知时，该消息不仅会影响市场参与者对本公司的估价，还会影响到与本公司同类的其他公司的市场价值或股东财富。根据该消息对消息公司和其同类非消息公司的作用方向一致与否，可将信息传递效应分为：传染效应和竞争效应。简单说来，如果同类非消息公司发生与消息公司同方向的股价变动，说明两类公司具有同方向的财富溢出效应，即该消息产生了传染效应；相反，如果同类非消息公司发生了与消息公司反方向的股价变动，说明两类公司具有反方向的财富溢出效应，即该消息产生了竞争效应。一项信息到底与本公司同类的其他公司产生了何种传递效应，取决于市场参与者如何解读这一信息。对于不同类型、不同性质的信息，在不同的经济政治环境条件下，传染效应和竞争效应的主导性都是有区别的。可以说，一项信息最终体现出的传递效应，实际上是其传染效应和竞争效应相互抵消后的作用效果。

1. 公司信息的传染效应

公司信息的传染效应产生的前提假定是，市场参与者认为消息公司传递出来的信息是同类公司所共有的，即认为该消息反映出来的问题是同类公司共性的问题，而这些同质性问题在该公司这一消息公布前是不为市场所知的。由于同类公司在生产活动、经营方式、资金模式、会计处理等方面具有很高的相似度，因此市场参与者会谨慎看待与消息公司同类的非消息公司，会更容易认为处于相似环境下的同类非消息公司存在类似情况，从而产生与对消息公司一致的认知和反应。市场参与者除了对同类非消息公司本身生产经营问题的重新评估外，另一个导致信息对同类非消息公司产生蔓延的原因来自监管当局。尤其是当一项消息是坏消息时，监管当局往往会加大对与消息公司同类的非消息公司的密切关注甚至严格检查，这将进一步加大同类公司的市场压力和筹资难度等。

2004 年 1 月 12 日的《华尔街日报》报道称，作为美国政府支持的两大房贷机构的房利美（Freddie Mac）和房地美（Freddie Mae），就因前者对盈余问题的重述而对后者也产生了负面影响。《财经网》2011 年 12 月 26 日的报道显示，因蒙牛牛奶检出黄曲霉素 M1 致癌物严重超标，而使伊利股价一度重挫近 8%，光明乳业、皇氏乳业等相关公司股价也持续走弱①。这些都体现的是公司消息的传染效应。

一些学术研究也从 20 世纪 80 年代开始研究公司信息的传染效应的存在性，早期的部分研究由于主要是案例研究或是其他小样本研究，得到的结论易受到案例公司的其他特征或多重因素的影响，并未明确分离出传染

---

① 详见 http：//stock. caijing. com. cn/2011 - 12 - 26/111562120. html。

效应和竞争效应。如阿哈洛尼和斯威瑞（Aharony & Swary，1983）使用了资本市场数据对美国历史上最大的三起银行倒闭事件分析表明，当银行倒闭主要是由其自身特定原因如欺诈、内部违规等引起时，并未观测到传染效应。彪和卢斯特加登（Pyo & Lustgarten，1990）以预测公司与非预测公司间的盈余协方差来代表公司间的竞争关系，以预测公司的盈余方差表征预测噪音，研究了管理层盈余预测在同行业公司间的信息传递程度。当在回归中考虑公司间竞争关系和预测噪音时，非预测公司和预测公司的超额回报具有关联性。随着大样本实证研究对其的检验，信息传染效应和竞争效应开始明确提出并予以分离。比较经典的文章如朗和斯图兹（Lang & Stulz，1992）发表在《金融经济学杂志》（Journal of Financial Economics，JFE）上的《破产公告的行业内传染效应和竞争效应：一项实证分析》一文。其研究发现，破产公告会给行业内竞争对手公司的权益价值带来 1% 的下降，即破产公告存在传染效应。费里、加雅拉曼和麦克吉亚（Ferri，Jayaraman & Makhjia，1997）在朗和斯图兹（1992）基础上的进一步研究表明，无论大公司还是小公司，破产公告都对同行业类似规模的公司产生了显著的传染效应。阿格比和马杜拉（Akhigbe & Madura，1999）对银行并购公告隐含的行业内信号的探析发现，银行并购公司产生了显著为正的行业内传染效应。

2. 公司信息的竞争效应

与传染效应不同，公司信息的竞争效应是一种由同类公司间的财富重分配导致的信息传递效应。公司竞争效应的产生机理与存在前提是，市场参与者认为消息公司传递出来的信息是公司本身的特质信息，未隐含与其同类非消息公司共有的任何信息，即同类公司在该消息事件方面具有异质性。也就是说，消息公司传递出的信息会引起同类公司间资源的重新配置，市场参与者会把之前对消息公司的信心与预期等，转移至同类非消息公司。如果消息公司传递的是好消息，则其转移给同类非消息公司的则为坏消息；反之，如果消息公司传递出的是坏消息，则其转移给同类非消息公司的则为好消息，即会使市场参与者对同类非重述公司的获利预期增大。同时，消息公司与同类非消息公司的商品往往表现为替代关系。在需求一定的情况下，同类公司间的市场份额呈现此消彼长的竞争关系，而这种情况在售后服务极为重要的情况下表现得会更为明显。因而在此种情况下，市场参与者对消息公司与非消息公司存在方向相反的认知和反应。

在与公司信息传递效应相关的学术研究中，也有一些数据结果证实了竞争效应的存在性和主导方面。比如埃尔文和米勒（Erwin & Miller, 1998）研究了开放市场股票回购（Open Market Share Repurchases）公告影响同行业竞争公司估价的程度。平均来看，虽然发布开放市场股票回购的公司经历了一个显著为正的股价反应，但其同行业竞争公司经历了一个显著为负的股价反应。这说明开放市场股票回购的行业内竞争效应远大于传染效应。再如，斯罗文、苏什卡和博朗契科（Slovin, Sushka & Polonchek, 1999）检验了一家银行的不利事件会否产生银行业内的外部性，即评估了商业银行间的同质性。研究发现，对于货币中心银行（Money Center Banks）和地区性银行（Regional Banks）均为负面影响的股利减少宣告，对其各自同类银行产生的外部性是不同的，前者为显著为负即存在传染效应，而后者显著为正即存在竞争效应。

3.3.2 有限理性下的会计重述信息传递

根据上述对公司信息的传染效应和竞争效应的分析，作为体现公司财务会计信息之一的会计重述信息，在传递过程中也存在这样两种作用相反的效应。具体说来，会计重述信息传染效应的存在机理是，市场参与者认为会计重述中隐含着之前没有观测到的同类公司的共有信息，会计重述涉及的不仅仅是公司自身的问题，还反映着同类公司中广泛存在的普遍问题。于是会计重述公告的发布，使市场参与者不仅对重述公司本身，而且对同类非重述公司的财务会计信息确认与披露质量产生怀疑，形成信任危机。也就是说，即使同类非重述公司的财务会计信息是真实的，市场参与者也会认为同类非重述的报告盈余和真实盈余存在本质差异，而这种差异可能会使其认为同类非重述公司的可觉察风险增加，公司前景的不确定性上升，未来盈余预期下降，在以后期间发生会计重述的可能性上升，会对同类非重述公司要求更高的股票回报，导致市场参与者对同类非重述公司的重新估价，引致同类非重述公司市场价值的下降。正如徐、纳贾德和西金法斯（Xu, Najand & Ziegenfuss, 2006）所言，传染效应是由投资者分派给竞争公司未来现金流量或权益资本成本的折现率变化导致的。

会计重述信息的竞争效应表现在，市场参与者认为会计重述是由重述公司自身特有的问题导致，比如会计重述表明的只是公司自身可能存在的财务状况不良或生产经营不善，这类问题的产生并不是同类公司共同存在的，因而会计重述与同类非重述公司无关。在这种情况下，会计重述这一信息的传递效应就表现为减弱了重述公司自身的竞争力，而相对增强了同类非重述公司的竞争力。马吉蒂斯（Margetis，2004）的研究表明，在美国有1/5的重述公司最终会提出破产申请。这意味着重述公司原来的顾客和相关商业活动必将转移至同类非重述公司（或称重述公司的竞争对手公司），且在售后服务极为重要的情况下表现得会更为明显。在不完全竞争环境下，同类非重述公司会因吸引了重述公司的客源而占有了重述公司更多的市场份额并从中获益。这种相对竞争力的改变，会引起重述公司与同类非重述公司股价的反方向变动。尤其是因高估盈余而受到处罚的会计重述公司，在重述后的公司预期未来现金流量会减少，各方利益相关者的信任度降低，夸大了债务人与公司间的委托代理关系，减少了公司筹集新资本的机会、增加了筹资难度。这些对重述公司的财务限制，将有损其防御竞争对手掠夺行为的能力（Bolton & Scharfstein，1990）。而且，对于性质较为严重的情况，管理层的注意力可能更多地集中在应对调查、处罚甚至诉讼上。因此同类非重述公司有机会利用重述公司势微之时，采用掠夺战略去抢占客源或市场。而这种掠夺行为又将进一步加剧重述公司的财务困境和加大破产概率。若重述公司因此退出市场，则同类非重述公司不但可以占领重述公司的原有市场份额，还可能给消费者强加租金，从而带来更大的获利。另外，因重述而增加的监督和管理成本也使得重述公司可能面临更高的边际成本。若保持价格不变，则会导致其利润小于同类非重述公司；若重述公司想保持与非重述公司同等的利润，则必须要提高产品价格。而在两个同类公司中，产品之间往往是替代关系而非互补关系。在这种情况下，由于两种产品需求的交叉价格弹性系数是正值，因此当重述公司的产品价格上升时，其购买量必然会下降，而这部分下降的购买量自然转移到对其替代品的需求上，那么消费者对同类非重述公司产品的需求增大，获利更大。

在会计重述信息传递效应中，传染效应和竞争效应到底谁更占主导地位，可从行为金融学视角予以解释。作为行为金融学第一主题的直觉驱动偏差理论（Heuristic-driven bias）认为，市场中的交易者不完全理性，只具备有限控制力和有限注意力，他们在进行决策时往往遵循易得性直觉推断法（赫什·舍夫林，2005），寻找的往往是一个满意的次优解。也就是说，他们会根据最容易得到或典型性的信息进行判断，因而通过发布重述公告来纠正公司业已存在的财务会计问题的会计重述，自然而然被投资者作为负面消息予以重点关注，即产生注意力配置（Attention Allocation）效应。

根据卡尼曼和特韦尔斯基（Kahneman & Tversky，1979）提出的损失厌恶的框架依赖证据可知，同等规模损失的影响力是对同等规模收益的两倍半。由于同类非重述与重述公司有许多相似性，市场参与者很容易在质疑重述公司会计实践的同时，也对同类非重述公司的相关问题产生怀疑，认为一些特定会计问题可能具有同类公司集聚效应。相比由于低估企业而导致的投资机会流失，因高估企业而造成的损失更不容易被投资者所接受，更容易形成危机，即等量的获利和受损对市场参与者带来的效应是不一样的。会计重述体现的往往是公司的不利一面，市场参与者宁愿丧失可能的投资获利机会，也不想因可能的风险而带来损失。因而市场参与者可能在同样条件下更容易提防同类非重述公司，给予同类非重述公司也爆发重述风险给予更高的权重和概率。基于此，会计重述信息的传染效应比竞争效应可能表现得更为明显。

第 4 章

会计重述对高管变更与
高管薪酬的影响

在第 3 章第 3.1 节基于组织正当性理论的会计重述与公司治理关系的分析基础上，本章以总经理变更及其薪酬、董事长变更及其薪酬作为公司治理变化的代理变量进行实证检验，试图为会计重述是否对高管变更与高管薪酬有增量效果提供中国情境下的经验证据。还通过加入代表准则前后期的虚拟变量进行交互，考察《企业会计准则（2006）》（CAS 2006）实施前后的差异。

4.1 假设的提出

基于组织正当性的会计重述与公司治理的理论分析可知，会计重述的发生损害了公司的组织正当性，而高管变更可以最为直接、快捷地向利益相关者传递公司治理得以改进的信号，以期重建公司声誉、修复被破坏的组织正当性。基于此，会计重述与公司高管变更应该呈现出正相关关系。另外，高管降薪也是一项重塑组织正当性的措施，因为高管变更可能会产生各种成本，影响公司的运作，而高管降薪既可以被市场参与者观察到，又可以在一定程度上降低因公司治理变动而产生的成本。因此，出于对公司稳定性和变更带来较大成本的考虑，公司也可能不采取解聘高管而是通过对高管进行减薪这一处罚，来达到鞭策高管和重塑组织正当性的目的。

早期的实证结果并未证实两者具有统计上的相关性。例如贝内什

（Beneish，1999）研究了 1987～1993 年公司因违反 GAAP 而高估盈余导致的高管解雇情况，结果显示高估盈余公司与配对的非高估盈余公司的高管解雇情况是类似的，并未呈现出显著的差异。这在很大程度上与当时会计重述范畴较窄（早期多指被 SEC 强制重述的会计违规情况）导致的样本量较小有关。贝内什（1999）在 7 年的研究期间中只搜集到 64 家重述公司，也就是说每年平均只有不到 10 个样本。

随着对会计重述界定的日益明确，会计重述的范畴由被动重述的会计违规公司拓展至主动重述的公司，使得会计重述研究样本有了较大幅度的增加。近几年的相关实证研究中，逐渐提供了会计重述与高管变更存在正向关联性的经验证据。如兰德（Land，2005）对美国 1996～1999 年的 256 家重述公司的研究发现，重述公司的 CEO 的离职率是 33%，而在重述前 CEO 离职率只有 12%。德赛、霍根和威尔金斯（2006）对 1997 年 1 月 1 日至 2002 年 6 月 30 日的 146 家重述公司的研究发现，60% 的重述公司在重述公告颁布后 24 个月内至少有 1 名高管发生了变更，而与其公司年龄、规模、行业类似的配对样本公司在相同条件下仅有 35% 发生高管变更。阿尔托德、瑟托、道尔顿等（2006）使用的样本是 1998 年 1 月 1 日至 1999 年 12 月 31 日期间发生会计重述的 116 家重述样本，与之前研究相同都使用了根据行业、规模等标准进行配对的参照公司来作对比，经验结果显示重述公司在重述后 24 个月内更可能经历 CEO 变更、外部董事变更和审计委员会变更。卡尔波夫、李和马丁（2008）通过对 1978 年 1 月 1 日至 2006 年 9 月 30 日期间被 SEC 和美国司法部（Department of Justice，以下简称 DOJ）针对财务错报采取的 788 起行动和 2206 位管理层个人财富及后续任职的追踪调查发现，93% 的高管会因此失去工作，其中 28% 的高管还面对着刑事指控和处罚。在公司内部治理机制健全和执行力强的情况下，难辞其咎的高管们更倾向于面对处罚。

近年来，以《SOX 法案》为代表的法律法规对财务高管（以下简称 CFO）进行了重新定位，CFO 的权利和责任都得到加强，如在对财务信息披露的真实性和完整性负责方面，将 CFO 提高到与 CEO 同等重要的高度，要求两者同时签字承诺并承担责任；又如美国证券交易委员会 2006 年通过的一项法案，要求自 2007 年起，在股东委托书中必须披露 CEO 及 CFO 的薪酬等全部相关信息。在这样的监管体制下，CFO 是企业神经系统（财务系统）和血液系统（现金资源）的直接责任高管，不管是侧重"开源"的 CFO（以美国为代表），还是侧重"节流"的 CFO（以欧洲为代表），其作为 CEO 重要战略合作伙伴的重要性日益凸显。同时，由于更换 CEO 比更换 CFO 的成本更大、对公司稳定更为不利，因而 CFO 更容易成为财务报告失败的"替罪羊"，CFO 变更在修复组织正当性的高管变更措施中往往首当其冲。也正因为存在这样的制度背景，近年来针对美国数据的高管变更实证研究中，往往把 CEO 和 CFO 变更都作为研究对象，结果也基本证实，在美国，对财务报告披露质量有着不可推卸责任的 CFO 往往成为最先被谴责和处罚的对象。比如，柯林斯、瑞德安达和桑切斯（Collins，Reitenga & Sanchez，2008）发现，在其他条件一定的情况下，CFO 变更率（57%）高于 CEO 变更率（37%）；仅当重述公司是集体诉讼（Class-action Securities Litigation）的目标公司时，CFO 变更和红利薪酬才会受到会计重述的影响。费尔德曼、里德和阿布德姆哈玛迪（Feldmann，Read & Abdolmohammadi，2009）以 2004 年 1 月 1 日至 2005 年 3 月 31 日这一期间的 228 家重述公司为研究样本，结果发现会计重述后 CFO 变更的公司的审计费用上升幅度要缓于 CFO 未变更的重述公司（但 CEO 没有这种减缓或抑制作用），从而证明了 CFO 变更可以作为修补业已损害的公司声誉、减少组织正当性损失的一种有效补救方式，而且会计重述与 CFO 变更的相关性比其他高管更为敏感。柯林斯、迈斯利、瑞德安达和桑切斯（Collins，Masli，Reitenga & Sanchez，2009）利用 1997 年至 2003 年的重述公司及其配对公司样本研究发现，《SOX 法案》的颁布没有增加重述后非自愿性的 CFO 变更，但经理人市场对重述公司卸任 CFO 的处罚在《SOX 法案》颁布后变得更为严厉。我国于 2007 年 1 月 1 日实施的《企业会计准则（2006）》，解决了会计理念、原则和方法等深层次问题，实现了与国际财务报告准则的实质性趋同。与《SOX 法案》类似，《企业会计准则（2006）》实施前后也很可能对会计重述的经济后果产生影响，但由于其与《SOX 法案》的性质和内容并不完全相同，因而其对会计重述与高管变更及高管薪酬关系的影响方向并不确定，故在假设中并未预期这一差异的方向。

另外，虽然会计重述影响公司治理变化的机理是类似的，但由于我国与美国的公司治理模式有本质差异，因而不能直接照搬国外相关研究对高管的界定。以英美为代表的市场导向的公司治理模式的一个重要特点就是设立了首席执行官（Chief Executive Officer，即通常所言之 CEO），而且 CEO 一般都兼任着董事会主席之职。CEO 在公司中的职位既不同于我国所言之董事长也不同于总经理，而是在拥有总经理全部权力的基础上还拥有董事会的部分职权。而且在英美许多大公司中，CEO 都有两个重要助手：一是首席运营官（Chief Operation Officer，COO），而 COO 往往是由公司总裁来兼任；二是首席财务官（Chief Financial Officer，简称 CFO）。公司行政序列从高到低，依次是 CEO、总裁、COO、CFO、其他高级经理人员。虽然近几年在我国上市公司中也有许多仿照英美公司治理模式相应设置了 CEO、COO、CFO 等，但其职责并不与之完全一致。在我国相关学术文献中所言 CEO 其实指的多是总经理，而并非像美国一样具备董事会主席职能的 CEO；而且在我国，CFO 的职责和权力也远未及国外的 CFO。我国《会计法》规定，单位负责人要对会计报表数据的合法性、真实性、正确性、完整性承担责任。会计法中规定的对财务报告负责的是公司主要负责人，具体应该指总经理和董事长。从某种视角来看，我国董事长与总经理的关系，大略来看，与国外 CEO 和 CFO 的关系有颇多相似之处。因而在本研究中未像国外一样把高管定义为 CEO 和 CFO 进行研究，而是按中国情境分开董事长和总经理分别考察。

综上，本书预期：

假设 4-1： 会计重述发生后，重述公司比非重述公司更容易发生高管变更，且总经理变更比董事长变更表现得更为明显。

假设 4-2： 会计重述发生后，重述公司比非重述公司的高管薪酬更低，且董事长薪酬比总经理薪酬表现得更为明显。

假设 4-3： CAS 2006 实施前后，会计重述对高管变更与高管薪酬的影响存在差异。

4.2　研究设计

4.2.1　会计重述等样本说明

正如上述描述重述相关会计标准变迁时所言，从 2004 年起，才可以在中国证监会各大指定信息披露网站查询到公开信息,而不再需要通过年报的一一查阅才可得到会计重述公司的相关信息。与 GAO（2007）类似,本研究认为公开可查的会计重述公告,往往更可能被市场所觉察并予以反应。因而,本研究的实证初始样本选取起始时间是 2004 年,截止时间为 2010 年（即本研究进行时所能收集的最新数据时间）。

本研究会计重述公告和公司数据的具体选择方法是:在万得中国金融数据库（Wind 资讯金融终端）、巨潮资讯网（www. cninfo. com. cn）、上海证券交易所官方网站（www. sse. com. cn）分别通过输入"会计差错"、"差错更正"、"追溯调整"、"追溯重述"、"前期差错"、"财务信息更正"等关键词搜索、下载并整理得到。对两种数据来源得到的会计重述公告样本进行交叉分析和核对补遗。由此得到"全部重述公司"样本。对于有些公司在同一日期发布了实质内容相同的重述公告的情况（如以董事会、高管层、独立董事或审计师名义分别发布但内容相同）,只保留了其中一份公告,由此形成的是"有效重述公告"样本。有效重述公告中涉及的所有重述公司形成的数据集,在本研究中称为"所有重述公司"样本。由于非年报重述的影响力远小于年报重述,故只保留针对年报进行重述的公司;由于在我国上市公司会计差错更正的相关会计准则与会计政策变更、会计估计变更在同一准则中,因而公司在发布会计重述公告时,会计政策变更或会计估计变更往往也被冠以会计差错之名予以发布,故在有效样本中对此予以剔除。也就是说,"年报重述公司"样本,是指从"所有重述公司"样本中剔除以下两类公司后剩余的重述公司,剔除公司主要包括两类:一是仅针对中期财务报告（如半年报、季报）或其他报告（如股权分置改革相关文件）等进行会计重述的公司;二是公告内容仅针对会计政策或会计估计变更等与本研究界定的会计重述定义不符的重述公司。图 4 - 1 为中国会计重述公司相对数量分市场比较（所有重述公司样本）,图 4 - 2 为中国会计重述公司相对数量分市场比较（年报重述公司样本）。

表 4 - 1 显示的是对 2004 ~ 2010 年的全部重述公告、有效重述公司、所有重述公司、年报重述公司四类样本分市场分年度进行了相对数和绝对数的比较。市场类别分为六类:在深圳证券交易所上市的 A 股公司（公司代码以"000"开头,简称"深 A"）;在深圳证券交易所上市的 B 股公

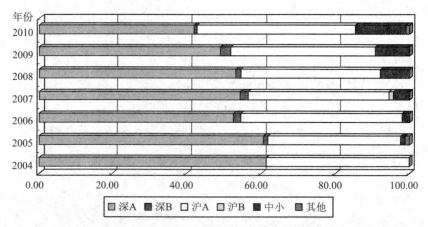

图 4-1 中国会计重述公司相对数量分市场比较（所有重述公司样本）

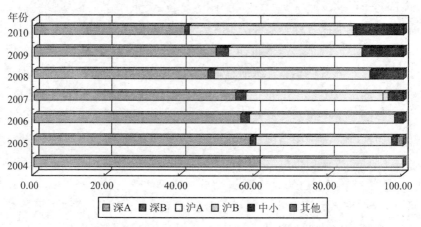

图 4-2 中国会计重述公司相对数量分市场比较（年报重述公司样本）

司（公司代码以"200"开头，简称"深 B"）；在上海证券交易所上市的
A 股公司（公司代码以"600"开头，简称"沪 A"）；在上海证券交易所
上市的 B 股公司（公司代码以"900"开头，简称"沪 B"）；在中小企业
板上市的公司（公司代码以"002"开头，简称"中小板"）；除上述五类
公司之外的上市公司（如公司代码以"300"、"400"开头，简称"其
他"）。

表 4-1　中国会计重述公告及重述公司数量分市场比较表

重述类型		2004 年		2005 年		2006 年		2007 年		2008 年		2009 年		2010 年		全样本期	
		频数	占比	频数	占比	频数	占比	频数	占比	频数	占比	频数	占比	频数	占比	频数	占比
深 A	全部重述公告	11	68.8	69	64.5	61	54.5	67	61.5	57	58.2	84	56.5	99	55.0	448	58.1
	有效重述公告	8	61.5	65	64.4	59	53.6	54	56.3	44	53.7	57	50.0	49	40.8	336	52.8
	所有重述公司	8	61.5	51	60.7	52	52.5	50	54.4	41	53.3	53	49.1	46	41.8	301	51.6
	年报重述公司	8	61.5	37	58.7	46	56.1	40	54.8	26	47.3	44	49.4	36	40.9	237	51.2
深 B	全部重述公告	0	0.0	1	0.9	2	1.8	2	1.8	2	2.0	4	2.7	2	1.1	13	1.7
	有效重述公告	0	0.0	1	0.99	2	1.8	2	2.1	1	1.2	3	2.6	1	0.8	10	1.6
	所有重述公司	0	0.0	1	1.2	2	2.0	2	2.2	1	1.3	3	2.8	1	0.9	10	1.7
	年报重述公司	0	0.0	1	1.6	2	2.4	2	2.7	1	1.8	3	3.4	1	1.1	10	2.2

续表

重述类型		2004 年		2005 年		2006 年		2007 年		2008 年		2009 年		2010 年		全样本期	
		频数	占比	频数	占比	频数	占比	频数	占比	频数	占比	频数	占比	频数	占比	频数	占比
沪 A	全部重述公告	5	31.3	35	32.7	47	42.0	35	32.1	31	31.6	44	29.5	54	30.0	251	32.6
	有效重述公告	5	38.5	33	32.7	47	42.7	35	36.5	30	36.6	44	38.6	51	42.5	245	38.5
	所有重述公司	5	38.5	30	35.7	43	43.4	35	38.0	29	37.7	42	38.9	47	42.7	231	39.6
	年报重述公司	5	38.5	23	36.5	32	39.	27	37.0	23	41.8	32	36.0	39	44.3	181	39.1
沪 B	全部重述公告	0	0.0	0	0.0	0	0.0	1	0.9	0	0.0	0	0.0	0	0.0	1	0.1
	有效重述公告	0	0.0	0	0.0	0	0.0	1	1.0	0	0.0	0	0.0	0	0.0	1	0.2
	所有重述公司	0	0.0	0	0.0	0	0.0	1	1.1	0	0.0	0	0.0	0	0.0	1	0.2
	年报重述公司	0	0.0	0	0.0	0	0.0	1	1.4	0	0.0	0	0.0	0	0.0	1	0.2

续表

重述类型		2004 年		2005 年		2006 年		2007 年		2008 年		2009 年		2010 年		全样本期	
		频数	占比	频数	占比	频数	占比	频数	占比	频数	占比	频数	占比	频数	占比	频数	占比
中小板	全部重述公告	0	0.0	1	0.9	2	1.8	4	3.7	8	8.2	17	11.4	24	13.3	56	7.3
	有效重述公告	0	0.0	1	0.99	2	1.8	4	4.2	7	8.5	10	8.8	18	15.0	42	6.6
	所有重述公司	0	0.0	1	1.2	2	2.0	4	4.4	6	7.8	10	9.3	15	13.6	38	6.5
	年报重述公司	0	0.0	1	1.6	2	2.4	3	4.1	5	9.1	10	11.2	12	13.6	33	7.1
其他	全部重述公告	0	0.0	0	0.9	0	0.0	0	0.0	0	0.0	0	0.0	1	0.6	2	0.3
	有效重述公告	0	0.0	1	0.99	0	0.0	0	0.0	0	0.0	0	0.0	1	0.8	2	0.3
	所有重述公司	0	0.0	1	1.2	0	0.0	0	0.0	0	0.0	0	0.0	1	0.9	2	0.3
	年报重述公司	0	0.0	1	1.6	0	0.0	0	0.0	0	0.0	0	0.0	0	0.0	1	0.2

续表

重述类型		2004 年		2005 年		2006 年		2007 年		2008 年		2009 年		2010 年		全样本期	
		频数	占比	频数	占比	频数	占比	频数	占比	频数	占比	频数	占比	频数	占比	频数	占比
合计	全部重述公告	16	100	107	100	112	100	109	100	98	100	149	100	180	100	771	100
	有效重述公告	13	100	101	100	110	100	96	100	82	100	114	100	120	100	636	100
	所有重述公司	13	100	84	100	99	100	92	100	77	100	108	100	110	100	583	100
	年报重述公司	13	100	63	100	82	100	73	100	55	100	89	100	88	100	463	100

"全部重述公告"行，列示的是在万得中国金融数据库（Wind 资讯金融终端）、巨潮资讯网（www.cninfo.com.cn）、上海证券交易所官方网站（www.sse.com.cn），通过"会计差错"、"差错更正"等关键词搜索并下载的、所有与会计重述相关的公告的绝对数量（频数）和相对数量（占比）。"有效重述公告"行，列示的是剔除同一公司在同一日期发布的实质内容相同的重述公告后的公告绝对数量和相对数量；"所有重述公司"行，列示的是有效重述公告中涉及的所有重述公司的绝对数量和相对数量；"年报重述公司"行，列示的是仅针对年度财务报告进行会计差错更正的重述公司的绝对数量和相对数量，即年报重述公司是指从所有重述公司中剔除以下两类公司后剩余的重述公司，剔除公司主要包括两类：一是仅针对中期财务报告（如半年报、季报）或其他报告（如股权分置改革相关文件）等进行会计重述的公司；二是公告内容仅针对会计政策或会计估计变更等与本研究界定的会计重述定义不符的重述公司。

在后几章的实证分析中，研究样本选择时进行了如下筛选：（1）为尽量增强研究样本的同质性，只保留了 A 股上市公司，剔除了金融类行业的上市公司；（2）为了消除异常值对研究结果的干扰影响，对连续变量使用了 1% 水平上的缩尾处理；（3）剔除了检验模型所需数据不完整的公司样本。（4）由于有些公司对同一财务报表在一年内重述了不止一次，而后续重述的信息含量会有明显减弱，因此在实证检验中只保留了对财务报表进行第一次重述的样本。因此基于以上情况，加之由于不同模型所需要的滞后或超前数据不一（即不同检验中数据可用性存在差异），因而在实证检验时会根据具体情况予以适当的研究期间和样本量删减，故不同检验中的实际样本量会因此发生相应变化。各模型的样本量均在结果中给出，因而在此不再赘述。

从研究期间来看，已有文献中高管变更的时间段往往选择的是重述后 2 年甚至 4 年。但这会存在很大的噪音，因为时间拖得越长，受其他因素的影响就越大。尤其是在处于渐近转轨经济中的我国，体制环境和制度安排的变化波动都更多，所以噪音也就更大。特别是本研究样所在期间是 2005 ~ 2010 年，这期间新企业会计准则的颁布及全球范围内的金融危机使得这段时间的影响因素更多，因而噪音的影响也会更为明显。另外，我国上市公司的薪酬制度与国外不同，股票薪酬或与公司业绩挂钩的红利薪酬远不及国外普遍，因而在研究我国高管薪酬时，不宜像国外文献中一样选择红利薪酬，而直接使用工资薪酬。高管变更期间选择的是会计重述后 12 月内发生变更的高管作为样本，且剔除了年龄大于 60 岁的高管样本。若重述前董事长和总经理为同一人，重述后仅担任董事长，则不作为高管变更样本。为尽力降低可能的噪音，公司并购等导致的高管变更也予以剔除。

本研究中涉及的会计数据和市场数据均来自国泰安经济金融研究数据库。

4.2.2 配对方法选择及原因

已有研究往往只使用一种方法进行配对样本选择，但一对一精确配方法和一对多模糊配对方法都有着固有的缺陷。因而本书在选择配对样本时，同时使用了这两种方法。即选取了精确配对和模糊配对两种方法进行样本配对检验，通过两者得出的检验结果相互印证，以期增加结论的说服力和普适性。使用阿巴迪、德鲁克、赫尔和伊本斯（Abadie, Drukker, Herr & Imbens，2004）、阿巴迪和伊本斯（2006）的平均处理效应的配对方法来得到精确配对样本。使用该方法可以得到基于平均处理效应（average treatment effects）的与主样本最接近的配对估计量，既可针对整体样本，又可针对处理组子样本或控制组子样本。这一方法既支持一配一，又支持一配多、多配一，还可给出每个配对的准确距离。尤其是允许观测值被多次使用，即支持重复抽样，能够有效减少样本偏差，从而增强配对处理的可靠性。同时该方法允许设置多个选择标准，提供了修正异方差、精确对应、偏差修正、置信区间、概率权重等选项，可以最大限度地减少配对时出现的统计问题。模糊配对样本则是指与重述公司样本同样筛选条件下的所有非重述公司样本。

4.2.3 模型设定与变量定义

1. 模型设定的基本思路

根据上述分析及已有的关于高管变更和高管薪酬文献的研究成果，加入了公司基本特征、公司治理特征、高管个人特征等多组控制变量，来考察会计重述对高管变更及其薪酬的增量效应。基本思路为：

高管变更/高管薪酬 = 重述与否 + 高管个人特征变量 + 公司业绩变量 + 公司基本特征变量 + 公司治理特征变量。

由于在一对一精确配对时已考虑公司行业（$\sum$ industry）、规模（asset）、年龄（firmage）、是否被特别处理（st）、年度（$\sum$ year）等基本特征，因而在用精确配对样本进行回归时，不再加入在精确配对时已考量的相关因素，但在使用模糊配对样本进行检验时，仍加入这些变量予以控制。因而从具体模型上看，精确配对样本和模糊配对样本的回归方程略有不同。为增强与柯林斯、瑞德安和桑切斯（Collins, Reitenga & Sanchez, 2008）结论的可比性，本书借鉴其模型而未以差分模型作为会计重述与高管薪酬的主检验模型；但考虑到柯林斯、瑞德安和桑切斯（2008）的高管薪酬模型中可能存在的自选择偏差问题，使用了差分模型进行敏感性测试，以增强结论的可靠性。

2. 会计重述与高管变更及其薪酬的具体模型

（1）会计重述与总经理变更。
①使用精确配对样本的模型如下：

$$
\begin{aligned}
\text{ceoTURN} = &\ \alpha_0 + \alpha_1^* \text{RESTATE} + \alpha_2^* \text{ceoage} + \alpha_3^* \text{ceotenure} \\
&+ \alpha_4^* \text{ceostock} + \alpha_5^* \text{roa} + \alpha_6^* \text{return} + \alpha_7^* \text{state} \\
&+ \alpha_8^* \text{punish} + \alpha_9^* \text{h1\_index} + \alpha_{10}^* \text{chairturn} + v
\end{aligned} \tag{A1}
$$

②使用模糊配对样本的模型如下：

$$
\begin{aligned}
\text{ceoTURN} = &\ \alpha_0 + \alpha_1^* \text{RESTATE} + \alpha_2^* \text{ceoage} + \alpha_3^* \text{ceotenure} + \alpha_4^* \text{ceostock} \\
&+ \alpha_5^* \text{roa} + \alpha_6^* \text{return} + \alpha_7^* \text{state} + \alpha_8^* \text{punish} + \alpha_9^* \text{h1\_index} \\
&+ \alpha_{10}^* \text{chairturn} + \alpha_{11}^* \text{asset} + \alpha_{12}^* \text{firmage} + \alpha_{13}^* \text{st} \\
&+ \alpha_i^* \sum \text{year} + \alpha_j^* \sum \text{industry} + v
\end{aligned} \tag{A2}
$$

（2）会计重述与董事长变更。
①使用精确配对样本的模型如下：

$$
\begin{aligned}
\text{chairTURN} = &\ \alpha_0 + \alpha_1^* \text{RESTATE} + \alpha_2^* \text{chairage} + \alpha_3^* \text{chairtenure} \\
&+ \alpha_4^* \text{chairstock} + \alpha_5^* \text{return} + \alpha_6^* \text{roa} + \alpha_7^* \text{state} \\
&+ \alpha_8^* \text{punish} + \alpha_9^* \text{h1\_index} + v
\end{aligned} \tag{A3}
$$

②使用模糊配对样本的模型如下：

$$
\begin{aligned}
\text{chairTURN} = &\ \alpha_0 + \alpha_1^* \text{RESTATE} + \alpha_2^* \text{chairage} + \alpha_3^* \text{chairtenure} \\
&+ \alpha_4^* \text{chairstock} + \alpha_5^* \text{return} + \alpha_6^* \text{roa} + \alpha_7^* \text{state} \\
&+ \alpha_8^* \text{punish} + \alpha_9^* \text{h1\_index} + \alpha_{10}^* \text{asset} + \alpha_{11}^* \text{firmage}
\end{aligned}
$$

$$+ \alpha_{12}^{*} st + \alpha_{i}^{*} \sum year + \alpha_{j}^{*} \sum industry + v \tag{A4}$$

（3）会计重述与总经理薪酬。

①使用精确配对样本的模型如下：

$$\begin{aligned}
lnceoWAGE = {} & \alpha_{0} + \alpha_{1}^{*} RESTATE + \alpha_{2}^{*} ceoage + \alpha_{3}^{*} ceotenure \\
& + \alpha_{4}^{*} ceostock + \alpha_{5}^{*} return + \alpha_{6}^{*} roa + \alpha_{7}^{*} punish \\
& + \alpha_{8}^{*} h1\_index + v
\end{aligned} \tag{B1}$$

②使用模糊配对样本的模型如下：

$$\begin{aligned}
lnceoWAGE = {} & \alpha_{0} + \alpha_{1}^{*} RESTATE + \alpha_{2}^{*} ceoage + \alpha_{3}^{*} ceotenure \\
& + \alpha_{4}^{*} ceostock + \alpha_{5}^{*} return + \alpha_{6}^{*} roa + \alpha_{7}^{*} punish \\
& + \alpha_{8}^{*} h1\_index + \alpha_{9}^{*} asset + \alpha_{10}^{*} firmage + \alpha_{11}^{*} st \\
& + \alpha_{i}^{*} \sum year + \alpha_{j}^{*} \sum industry + v
\end{aligned} \tag{B2}$$

（4）会计重述与董事长薪酬。

①使用精确配对样本的模型如下：

$$\begin{aligned}
lnchairWAGE = {} & \alpha_{0} + \alpha_{1}^{*} RESTATE + \alpha_{2}^{*} chairage + \alpha_{3}^{*} chairtenure \\
& + \alpha_{4}^{*} chairstock + \alpha_{5}^{*} return + \alpha_{6}^{*} roa + \alpha_{7}^{*} punish \\
& + \alpha_{8}^{*} h1\_index + v
\end{aligned} \tag{B3}$$

②使用模糊配对样本的模型如下：

$$\begin{aligned}
lnchairWAGE = {} & \alpha_{0} + \alpha_{1}^{*} RESTATE + \alpha_{2}^{*} chairage + \alpha_{3}^{*} chairtenure \\
& + \alpha_{4}^{*} chairstock + \alpha_{5}^{*} return + \alpha_{6}^{*} roa + \alpha_{7}^{*} punish \\
& + \alpha_{8}^{*} h1\_index + \alpha_{9}^{*} asset + \alpha_{10}^{*} firmage \\
& + \alpha_{11}^{*} st + \alpha_{i}^{*} \sum year + \alpha_{j}^{*} \sum industry + v
\end{aligned} \tag{B4}$$

（5）加入准则变迁因素后的模型。

即在（1）至（4）模型中加入表征准则变迁的虚拟变量，并将其与会计重述变量进行交互。

3. 各模型中的变量定义

（1）因变量。

总经理变更 ceoTURN：会计重述发生后 12 个月内发生总经理变更为 1，否则为 0；董事长变更 chairTURN：会计重述发生后 12 个月内发生董事长变更为 1，否则为 0；总经理薪酬 lnceoWAGE：总经理工资总额的自然对数；董事长薪酬 lnchairWAGE：董事长工资总额的自然对数。

（2）自变量。

RESTATE 为会计重述与否的虚拟变量，若当年发生会计重述公司为 1，与重述公司配对的非重述公司（精确配对和模糊配对两种）为 0。

（3）控制变量。

市场业绩（return）：变更前 1 年的股票回报（经行业均值调整）；会计业绩（roa）：变更前 1 年的扣除非经常性损益的总资产报酬率（经行业均值调整）；表征准则变迁的虚拟变量（standard）：CAS 2006 实施年及之后各年为 1，其他为 0；最终控制人（state）：代表最终控制人性质的虚拟变量，若是国有为 1，否则为 0；股权集中度（h1_index）：赫芬达尔指数（Herfindahl Index），本研究使用的是第 1 大股东持股比例平方和；处罚与否（punish）：若因欺诈等而受到监管当局处罚的公司为 1，否则为 0；高管年龄：高管变更或领薪时的年龄，总经理年龄用 ceoage 表示，董事长年龄用 chairage 表示；高管任期：高管变更或领薪时已有的任期年限，总经理任期用 ceotenure 表示，董事长任期用 chairtenure 表示；高管持股：高管持股在 5% 以上的设为 1，否则为 0。通过对本研究中样本的描述性统计发现，总经理持股比例偏态值是 9.98，董事长持股比例偏态值是 6.03，均大于 3，说明存在明显右偏①，故借鉴 Burks（2010），以 5% 为界来设置虚拟变量。

4.3　经验结果与分析

4.3.1　会计重述与高管变更

1. 会计重述与总经理变更

（1）描述性统计。

由图 4 - 3、图 4 - 4、表 4 - 2 可见，无论是分年度、准则实施前后期、全样本期，还是精确配对样本、模糊配对样本比较，重述公司的总经

---

①　偏态值大于 3 说明右偏态严重，小于 - 3 说明左偏态严重。

理变更率都显著高于非重述公司的总经理变更率。在 2005~2010 年这一研究期间内，非重述公司的总经理变更率变化趋势相对较为平缓，而重述公司的总经理变更率变化趋势则出现了较明显的波动性。两个波幅较高点分别出现在 2005 年和 2008 年。2005 年变更率较高的原因，可能在于 2004 年重述相关会计和监管标准的颁布和实施，引起了当时政界、业界、学界等对会计重述问题的关注和讨论的小高峰，因而对会计重述后的公司治理修复和改善的动力相比其他年份可能更大。2008 年重述公司的总经理变更率再次攀高，可能与当时的经济危机大环境密切相关。在全球金融危机的大环境下，监管者加紧了对问题公司及其高管的处罚，公司对因会计重述遭受破坏的组织形象进行重塑的迫切性也变得更高。

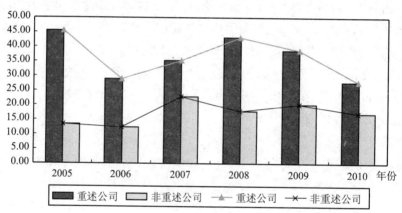

图 4-3　总经理变更率及其变化趋势分年度比较（精确配对）

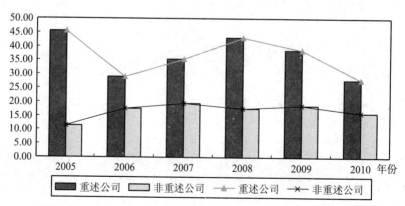

图 4-4　总经理变更率及其变化趋势分年度比较（模糊配对）

表 4 - 2　　　　　　　　　　　　总经理变更率分样本期比较

研究期间	精确配对				模糊配对			
	重述公司	非重述公司	差异	统计显著性	重述公司	非重述公司	差异	统计显著性
2005 年	45.61	13.39	32.22 ***	5.291 (0.0000)	45.61	11.53	34.08 ***	9.958 (0.0000)
2006 年	28.95	12.33	16.62 ***	3.527 (0.0004)	28.95	17.56	11.39 ***	3.402 (0.0007)
2007 年	35.38	22.95	12.43 **	2.162 (0.0307)	35.38	19.42	15.96 ***	4.278 (0.0000)
2008 年	43.16	17.78	25.38 ***	3.727 (0.0002)	43.16	17.67	25.49 ***	6.086 (0.0000)
2009 年	38.67	20.37	18.30 ***	3.128 (0.0018)	38.67	18.66	20.01 ***	5.753 (0.0000)
2010 年	28.00	17.14	10.86 **	2.200 (0.0278)	28.00	15.87	12.13 ***	3.746 (0.0002)
准则前	36.09	12.79	23.30 ***	6.184 (0.0000)	36.09	14.57	21.52 ***	8.988 (0.0000)
准则后	35.62	19.57	16.05 ***	5.588 (0.0000)	35.62	17.90	17.72 ***	9.797 (0.0000)
全样本期	35.78	17.13	18.65 ***	8.155 (0.0000)	35.78	16.83	18.95 ***	13.091 (0.0000)

注（下同）：该表样本取自与实证检验相同的剔除金融类后的沪深 A 股上市公司。精确配对样本是指以行业（2 位行业代码）、规模（总资产自然对数）、年龄（按上市时间计算）、是否特别处理（即是否为 ST、SST、S∗ST、∗ST 或 PT）、年度为配对标准，通过估计重述公司组的平均处理效应进行一对一精确配对得到的非重述公司样本。模糊配对样本是指除重述公司外的其他沪深 A 股非金融类上市公司。变更率所在各列（即"重述公司"、"非重述公司"、"差异"列）的单位均为"%"。∗、∗∗、∗∗∗ 分别表示双样本 Wilcoxon 秩和检验（即 Mann-Whitney Test 的 U 统计量非参数检验）在 10%、5%、1% 的置信水平上具有统计显著性；"统计显著性"栏显示的是对实验组和对照组两类样本的差异进行 Wilcoxon 秩和检验得到的 Z 值及其概率。

（2）变量间的相关关系分析。

表 4 - 3、表 4 - 4 列示了模型中涉及的各变量之间的皮尔逊积矩相关系数和斯皮尔曼秩相关系数。相关关系分析结果显示，无论是精确配对还

表 4－3   会计重述与总经理变更检验的相关系数表（精确配对）

	ceoturn	match	ceoage	ceotenure	ceostock	roa	return	state	punish	h1_index	chairturn
ceoturn	1	0.2048a	0.0329	0.3453a	-0.0399	-0.1072a	-0.0283	-0.0676c	0.1648a	0.0191	0.2974a
match	0.2103a	1	0.0812b	0.0783c	-0.0152	-0.1402a	-0.0521	0.0066	0.1292a	-0.0881b	-0.0252
ceoage	0.0493a	0.0486	1	0.1136a	0.1055a	0.0550	0.0151	0.2460a	-0.0365	0.0201	-0.0074
ceotenure	0.4770a	0.0295	0.1248a	1	-0.0167	-0.0044	-0.0045	0.0839b	-0.0062	-0.0119	0.0606
ceostock	-0.0133	-0.0098	0.0622a	-0.0121	1	-0.0374	0.5041a	-0.0132	-0.0439	-0.0744c	0.0061
roa	-0.0946a	-0.1259a	0.0480a	0.0110	0.0360a	1	0.0989b	0.0396	-0.2101a	0.1333a	-0.1290a
return	0.0019	-0.0390	0.0154	0.0097	0.3320a	0.1441a	1	-0.0140	-0.1079a	-0.0314	-0.0170
state	-0.0343a	0.0193	0.1736a	0.0721a	-0.1124a	0.0512a	-0.0253b	1	-0.0847b	0.3053a	0.0334
punish	0.0697a	0.1200a	-0.0364a	-0.0218c	0.0021	-0.1903a	-0.0664a	-0.0766a	1	-0.0877b	0.0333
h1_index	0.0073	-0.0485	0.0577a	-0.0060	-0.0391a	0.1757a	-0.0095	0.2248a	-0.0658a	1	0.0555
chairturn	0.1778a	-0.0085	0.0011	0.0253b	0.0043	-0.0961a	-0.0089	0.0375a	0.0439a	0.0276b	1

注：左下和右上分别为皮尔逊逐积矩相关系数和斯皮尔曼秩相关系数。系数值后标示出的 a、b、c 分别为皮尔逊相关系数在1%、5%、10% 的置信水平上统计显著（双尾）。

表4-4　　会计重述与总经理变更检验的相关系数表（模糊配对）

	ceoturn	restate	ceoage	ceotenure	ceostock	roa	return	state	punish	h1_index	chairturn	asset	firmage	st
ceoturn	1	0.1192a	0.0445a	0.3612a	-0.0192	-0.075a	-0.0048	-0.0337a	0.0763a	-0.0064	0.1805a	-0.0447a	0.0393a	0.0723a
restate	0.1140a	1	0.0087	0.0329b	0.0056	-0.1231a	-0.0338a	-0.0086	0.1179a	-0.0622a	0.0126	-0.0539a	0.1330a	0.0987a
ceoage	0.0493a	-0.0043	1	0.0985a	0.0889a	0.0381a	0.0213	0.1841a	-0.0305b	0.0695	0.0108	0.1592a	-0.0036	-0.0817a
ceotenure	0.4770c	0.0217c	0.1248a	1	0.029b	0.0310b	0.0339a	0.0195	-0.0247c	-0.0101	-0.0229	0.0235c	0.0119	-0.0163
ceostock	-0.0133	0.0064	0.0622a	-0.0121	1	-0.0027	0.3941a	-0.0304b	-0.0369a	-0.0516a	0.0075	0.1083a	-0.0450a	-0.0061
roa	-0.0946a	-0.1217a	0.0480a	0.011	0.0360a	1	0.1465a	0.0276b	-0.1643a	0.1913a	-0.0855a	0.2883a	-0.1572a	-0.3516a
return	0.0019	-0.0315a	0.0154	0.0097	0.3320a	0.1441a	1	-0.0132	-0.0838a	-0.014	-0.0107	0.0550c	-0.0243c	-0.0269b
state	-0.0343a	-0.0078	0.1736a	0.0721	-0.1124a	0.0512a	-0.0253b	1	-0.0650a	0.2949a	0.0393a	0.2709a	0.0326b	-0.1495a
punish	0.0697a	0.1056a	-0.0364a	-0.0218c	0.0021	-0.1903a	-0.0664a	-0.0766a	1	-0.0693a	0.0473a	-0.1198a	0.0454a	0.1486a
h1_index	0.0073	-0.0516a	0.0577a	-0.006	-0.0391a	0.1757a	-0.0095	0.2248a	-0.0658a	1	0.0198	0.2594a	-0.1532a	-0.1557a
chairturn	0.1778a	0.0115	0.0011	0.0253b	0.0043	-0.0961a	-0.0089	0.0375a	0.0439a	0.0276b	1	-0.0274b	0.016	0.0587a
asset	-0.0572a	-0.0650a	0.1621a	0.0523a	0.0497a	0.3164a	0.0464a	0.3342a	-0.1118a	0.2674a	-0.0376a	1	-0.0500a	-0.2568a
firmage	0.0392a	0.1282a	0.0029	0.0763a	-0.1820a	-0.1834a	-0.0307a	0.1950a	0.0109	-0.1085a	0.0202c	0.0338a	1	0.1236a
st	0.0792a	0.1059a	-0.0679a	-0.0064	-0.0215c	-0.3847a	-0.0078	-0.0977a	0.1365a	-0.1210a	0.0622a	-0.2321a	0.1236a	1

注：左下和右上分别为皮尔逊积矩相关系数和斯皮尔曼秩相关系数。

系数值后标出的 a、b、c 分别代表相关系数在 1%、5%、10% 的置信水平上统计显著（双尾）。

是模糊配对样本，主要考察变量均呈现出与预期相符的显著相关关系。其他自变量之间的相关系数并不是很高，故将这些变量一起放入模型中进行实证检验并不会带来严重的多重共线性问题。

（3）多变量回归。

表4-5所示，无论是使用精确配对还是模糊配对样本进行检验，重述与否、最终控制人性质、董事长变更与否、总经理任期、是否被处罚、股权集中度都表现出与预期一致的符号，且统计显著。除在精确配对样本中股权集中度在10%的置信水平上显著外，其他的变量均在1%的置信水平上具有统计显著性。在模糊配对样本检验中还发现，公司规模和是否被特别处理分别在5%和10%的置信水平上统计显著。但是会计业绩变量只在模糊配对中与总经理变更表现出1%水平上的负相关，在精确配对样本中虽然也呈现出负相关但在统计意义上不显著。市场业绩、总经理年龄、公司年龄等则在两类样本中都未表现出与总经理变更的显著相关性。

表4-5　　　　会计重述与总经理变更检验的多变量回归结果

变量名称	变量简称	预期符号	精确配对			模糊配对		
			系数	Z值	P>Z	系数	Z值	P>Z
会计重述	restate	正	1.3936	4.30	0.000	1.1696	6.88	0.000
总经理年龄	ceoage	?	0.0099	0.41	0.683	0.0047	0.61	0.545
总经理任期	ceotenure	正	0.9865	6.23	0.000	0.9660	24.45	0.000
总经理持股	ceostock	负	-0.1565	-0.38	0.703	-0.6852	-1.14	0.255
会计业绩	roa	负	-1.9057	-1.12	0.263	-2.0929	-3.00	0.003
市场业绩	return	负	0.0010	0.01	0.995	0.0820	1.23	0.219
控制人性质	state	负	-1.0399	-2.88	0.004	-0.3563	-2.98	0.003
处罚	punish	正	1.5392	3.08	0.002	0.8195	3.96	0.000
股权集中度	h1_index	?	2.1695	1.68	0.093	1.2128	2.86	0.004
董事长变更	chairturn	正	2.4110	5.50	0.000	1.3799	12.23	0.000
规模	asset	?				-0.1038	-2.05	0.041
公司年龄	firmage	?	在对重述样本进行一对一精确配对时已对这些变量予以控制			0.0071	0.44	0.660
特别处理	st	正				0.3278	1.89	0.058
年度	分年设虚拟变量					控制		
行业	分行业设虚拟变量					控制		

变量名称	变量简称	预期符号	精确配对			模糊配对		
			系数	Z 值	P > Z	系数	Z 值	P > Z
常数项	_cons	?	− 4. 9904	− 3. 77	0. 000	− 2. 4230	− 2. 10	0. 035
Wald 统计量	Wald chi2		50. 68			713. 56		
	Prob > chi2		0. 0000			0. 0000		
对数似然比	Log likelihood		− 257. 0363			− 2022. 2846		
	LR chi2 (01)		7. 86			55. 61		
	Prob > chi2		0. 003			0. 000		
拟合优度	Pseudo R^2		0. 3078			0. 2857		
样本数量	N		620			5852		

综上可得到的结论是，会计重述对总经理变更具有增量影响力，即在其他条件一定的情况下，会计重述会显著增加总经理变更的概率。在同样条件下，与最终控制人性质是国有的上市公司相比，最终控制人性质是非国有的上市公司，其总经理变更的概率相对更大；总经理的任期越长，越可能发生变更；被处罚的公司更容易发生总经理变更；股权集中度越高的公司，其总经理变更的概率越大；董事长变更是总经理变更的重要影响因素；公司规模越大，总经理变更的概率越小；被特别处理的公司，其总经理变更概率更大。

2. 会计重述与董事长变更

（1）描述性统计。

由图 4 - 5、图 4 - 6、表 4 - 6 可见，除了 2007 年重述公司董事长变更率显著高于非重述公司董事长变更率外，其他样本期间两类公司的董事长变更率并无统计上显著的差异。在 2005 ~ 2010 年的研究期间内，重述公司的董事长变更率波动较大，在 2007 年达到最高点。精确配对的非重述公司表现出与重述公司基本类似的董事长变更率变化趋势；而模糊配对的非重述公司的董事长变更率则相对较平稳。

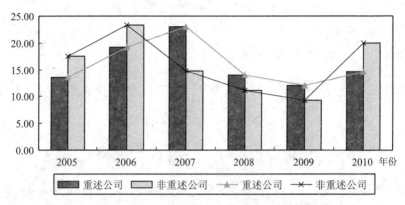

图 4 - 5 董事长变更率及其变化趋势分年度比较（精确配对）

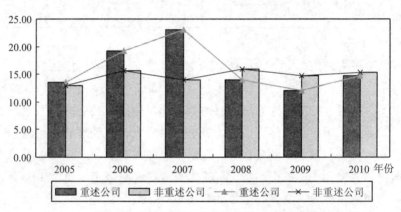

图 4 - 6 董事长变更率及其变化趋势分年度比较（模糊配对）

表 4 - 6 　　　　　　　董事长变更率分样本期比较

研究期间	精确配对				模糊配对			
	重述公司	非重述公司	差异	统计显著性	重述公司	非重述公司	差异	统计显著性
2005 年	13.56	17.54	-3.98	0.836 (0.4031)	13.56	12.99	0.57	0.176 (0.8604)
2006 年	19.23	23.29	-4.06	0.861 (0.3894)	19.23	15.58	3.65	1.176 (0.2396)
2007 年	23.08	14.75	8.33 *	1.678 (0.0933)	23.08	13.96	9.12 ***	2.794 (0.0052)

续表

研究期间	精确配对				模糊配对			
	重述公司	非重述公司	差异	统计显著性	重述公司	非重述公司	差异	统计显著性
2008 年	13.98	11.11	2.87	0.583 (0.5596)	13.98	15.87	-1.89	0.484 (0.6281)
2009 年	12.00	9.26	2.74	0.697 (0.4859)	12.00	14.68	-2.68	0.887 (0.3752)
2010 年	14.67	20.00	-5.33	1.199 (0.2304)	14.67	15.28	-0.61	0.199 (0.8420)
准则前	16.79	20.77	-3.98	1.178 (0.2390)	16.79	14.29	2.50	1.118 (0.2635)
准则后	15.87	14.35	1.52	0.664 (0.5069)	15.87	14.96	0.91	0.559 (0.5764)
全样本期	16.19	16.67	-0.48	0.252 (0.8007)	16.19	14.74	1.45	1.095 (0.2737)

（2）变量间的相关关系分析。

表4-7、表4-8列示了模型中涉及的各变量之间的皮尔逊积矩相关系数和斯皮尔曼秩相关系数。相关关系分析结果显示，无论是精确配对还是模糊配对样本，主要考察变量均呈现出与预期相符的显著相关关系。其他自变量之间的相关系数并不是很高，故将这些变量一起放入模型中进行实证检验并不会带来严重的多重共线性问题。

（3）多变量回归。

结果如表4-9所示，会计重述对董事长变更无显著的增量效果。由于在描述性统计中2007年是具有显著差异的，故对2007年样本进行单独回归。加入控制变量后的多元回归结果显示，在考虑其他影响因素后差异并不具有统计学意义上的显著性。准则前后期的检验也未发现显著性的差异。

表4-7　　　　　　会计重述与董事长变更检验的相关系数表 （精确配对）

	chairturn	match	chairage	chairtenure	chairstock	roa	return	state	punish	h1_index
chairturn	1	-0.0104	0.0602	0.3180a	-0.0041	-0.1414a	-0.0185	0.0395	0.0401	0.0571
match	-0.0085	1	-0.0044	-0.0227	-0.0290	-0.1626a	-0.0652c	0.0312	0.1442a	-0.0837b
chairage	0.0583a	-0.0155	1	0.1902a	0.0789b	0.1329a	-0.0132	0.2618a	-0.0762c	0.1114a
chairtenure	0.4558a	-0.0698c	0.1352a	1	0.0349	0.0056	0.0126	0.0782b	-0.0081	0.0593
chairstock	-0.0001	-0.0136	0.0126	-0.0229b	1	-0.0396	0.5043a	-0.0115	-0.0424	-0.0707c
roa	-0.0961a	-0.1259a	0.1147a	0.0102	0.0561a	1	0.0943b	0.0289	-0.2252a	0.1463a
return	-0.0089	-0.0390	0.0047	0.0112	0.3160a	0.1441a	1	-0.0183	-0.1031a	-0.0336
state	0.0375a	0.0193	0.1637a	0.0710a	-0.2484a	0.0512a	-0.0253b	1	-0.0869b	0.3047a
punish	0.0439a	0.1200a	-0.0593a	-0.0145	0.0036	-0.1903a	-0.0664a	-0.0766a	1	-0.0713c
h1_index	0.0276b	-0.0485	0.0770a	0.0092	-0.0178c	0.1757a	-0.0095	0.2248a	-0.0658a	1

注：左下和右上分别为皮尔逊积矩相关系数和斯皮尔曼秩相关系数。

系数值后标示出的 a、b、c 分别代表相关系数在1%、5%、10%的置信水平上统计显著（双尾）。

表4-8 会计重述与董事长变更检验的相关系数表（模糊配对）

	chairturn	restate	chairage	chairtenure	chairstock	roa	return	state	punish	h1_index	asset	firmage	st
chairturn	1	0.0114	0.0504a	0.3124a	0.0042	-0.0903a	-0.0076	0.0413a	0.0505a	0.0155	-0.0331a	0.0155	0.0642a
restate	0.0115	1	-0.0219c	-0.0193	0.0032	-0.1255a	-0.0341a	-0.0030	0.1169a	-0.0643a	-0.0562a	0.1303a	0.1000a
chairage	0.0583a	-0.0156	1	0.1047a	0.0462a	0.1297a	0.0130	0.1727a	-0.0535a	0.1109a	0.2209a	-0.0315b	-0.1150a
chairtenure	0.4558a	-0.0266b	0.1352a	1	0.0314b	0.0319b	0.0339a	0.0362a	-0.0065	0.0142	0.0315b	-0.0078	-0.0112
chairstock	-0.0001	0.0032	0.0126	-0.0229b	1	0.0047	0.3866a	-0.0511a	-0.0309b	-0.0591a	0.1030a	-0.0577a	-0.0021
roa	-0.0961a	-0.1217a	0.1147a	0.0102	0.0561a	1	0.1530a	0.0260b	-0.1601a	0.2002a	0.2880a	-0.1470a	-0.3448a
return	-0.0089	-0.0315a	0.0047	0.0112	0.3160a	0.1441a	1	-0.0127	-0.0735a	-0.0137	0.0558a	-0.0229c	-0.0246c
state	0.0375a	-0.0078	0.1637a	0.0710a	-0.2484a	0.0512a	-0.0253b	1	-0.0642a	0.2870a	0.2714a	0.0192	-0.1438a
punish	0.0439a	0.1056a	-0.0593a	-0.0145	0.0036	-0.1903a	-0.0664a	-0.0766a	1	-0.0658a	-0.1169a	0.0411a	0.1511a
h1_index	0.0276b	-0.0516a	0.0770a	0.0092	-0.0178c	0.1757a	-0.0095	0.2248a	-0.0658a	1	0.2541a	-0.1510a	-0.1501a
asset	-0.0376a	-0.0650a	0.2169a	0.0557a	0.0272b	0.3164a	0.0464a	0.3342a	-0.1118a	0.2674a	1	-0.0567a	-0.2538a
firmage	0.0202c	0.1282a	-0.0006	0.0638a	-0.2510a	-0.1834a	-0.0307a	0.1950a	0.0109	-0.1085a	0.0338a	1	0.0882a
st	0.0622a	0.1059a	-0.0945a	-0.0009	-0.0354a	-0.3847a	-0.0078	-0.0977a	0.1365a	-0.1210a	-0.2321a	0.1236a	1

注：左下和右上分别为皮尔逊积矩相关系数和斯皮尔曼秩相关系数。系数值后标示出的a，b，c分别代表相关系数在1%、5%、10%的置信水平上统计显著（双尾）。

表4-9   会计重述与董事长变更检验的多变量回归结果

变量名称	变量简称	预期符号	精确配对			模糊配对		
			系数	Z值	P>Z	系数	Z值	P>Z
会计重述	restate	正	0.0351	0.12	0.903	0.0528	0.27	0.786
董事长年龄	chairage	?	-0.0017	-0.08	0.937	0.0012	0.17	0.865
董事长任期	chairtenure	正	**0.8922**	**6.87**	**0.000**	**0.8276**	**23.08**	**0.000**
董事长持股	chairstock	负	-0.2074	-0.52	0.605	-0.8179	-1.41	0.160
会计业绩	roa	负	**-3.3373**	**-1.98**	**0.047**	**-3.1657**	**-4.57**	**0.000**
市场业绩	return	负	-0.0256	-0.17	0.864	-0.0417	-0.59	0.558
控制人性质	state	负	-0.0111	-0.03	0.973	0.1880	1.46	0.145
处罚	punish	正	0.3565	0.73	0.466	**0.4433**	**2.00**	**0.045**
股权集中度	h1_index	?	1.4844	1.19	0.235	**0.8375**	**1.92**	**0.054**
规模	asset	?	在对重述样本进行一对一精确配对时已对这些变量予以控制			**-0.1878**	**-3.61**	**0.000**
公司年龄	firmage	?				-0.0004	-0.03	0.980
特别处理	st	正				**0.4419**	**2.46**	**0.014**
年度	分年设虚拟变量					控制		
行业	分行业设虚拟变量					控制		
常数项	_cons	?	**-4.2746**	**-3.74**	**0.000**	-0.8631	-0.73	0.464
Wald统计量	Wald chi2		52.14			580.22		
	Prob > chi2		0.0000			0.0000		
对数似然比	Log likelihood		-233.5336			-1998.2111		
	LR chi2 (01)		6.09			76.06		
	Prob > chi2		0.007			0.000		
拟合优度	Pseudo R^2		0.2082			0.2262		
样本数量	N		659			6273		

4.3.2 会计重述与高管薪酬

1. 会计重述与总经理薪酬

（1）单变量比较。

分别使用总经理薪酬的绝对数及其自然对数进行单变量检验[①]，结果

---

  ① 均先检验精确配对样本和模糊配对样本的方差齐性，结果显示，绝对数的方差都不是齐性的，故在进行均值 t 检验时加入 unequal 选项；自然对数的方差都是齐性的，故无须加入 unequal 选项而直接使用一般 t 检验。下同。

如表 4 - 10 所示。

表 4 - 10　　　　会计重述与总经理薪酬的单变量检验结果

			总经理薪酬绝对数			总经理薪酬自然对数		
			准则前	准则后	全样本期	准则前	准则后	全样本期
精确配对	平均数	非重述公司	287030.2	348794.3	328077.2	12.18666	12.4121	12.33648
		重述公司	224523.4	369881.5	323572.8	11.96074	12.47353	12.31016
		差异	62506.8	-21087.2	4504.4	0.22592	-0.06143	0.02632
		显著性	1.5130 (0.1323)	-0.6879 (0.4919)	0.1798 (0.8574)	1.8218 * (0.0699)	-0.7262 (0.4681)	0.3692 (0.7121)
	中位数	非重述公司	210000	261950	250000	12.25486	12.47588	12.42922
		重述公司	181000	300000	250000	12.10624	12.61154	12.42922
		差异	29000	-38050	0	0.14862	-0.13566	0
		显著性	1.611 (0.1073)	-0.990 (0.3220)	-0.042 (0.9661)	1.611 (0.1073)	-0.990 (0.3220)	-0.042 (0.9661)
模糊配对	平均数	非重述公司	258313.9	467512.3	400389.3	12.11942	12.66528	12.49013
		重述公司	225610.6	374889.4	325129.8	11.96419	12.48245	12.30969
		差异	32703.3	92622.9	75259.5	0.15523	0.18283	0.18044
		显著性	1.7065 * (0.0902)	3.8375 *** (0.0002)	4.2242 *** (0.0000)	1.8031 * (0.0715)	2.8919 *** (0.0038)	3.4014 *** (0.0007)
	中位数	非重述公司	198100	335000	284700	12.19653	12.72189	12.55919
		重述公司	182000	300000	250000	12.11176	12.61154	12.42922
		差异	16100	35000	34700	0.08477	0.11035	0.12997
		显著性	1.351 (0.1768)	2.662 *** (0.0078)	2.933 *** (0.0034)	1.351 (0.1768)	2.662 *** (0.0078)	2.933 *** (0.0034)

注：对平均数的差异显著性检验使用的是双样本 t 检验（对于不满足方差齐性的样本使用的是加 unequal 选项的 t 检验，其中总经理薪酬绝对数的精确和模糊配对是方差不齐的，总经理薪酬自然对数精确和模糊配对是方差齐性的）；对中位数的差异显著性检验使用的是双样本 Wilcoxon 秩和检验（即 Mann-Whitney Test 的 U 统计量非参数检验）。"显著性"栏中列示的是 t 值（平均数）或 Z 值（中位数），括号中列示的是其相应的概率，* 、 ** 、 *** 分别表示在 10% 、5% 、1% 的置信水平上具有统计显著性。

（2）变量间的相关关系分析。

表 4 - 11、表 4 - 12 列示了模型中涉及的各变量之间的皮尔逊积矩相关系数和斯皮尔曼秩相关系数。相关关系分析结果显示，无论是精确配对还是模糊配对样本，主要考察变量均呈现出与预期相符的显著相关关系。

表4-11　会计重述与总经理薪酬检验的相关系数表（精确配对）

	ceowage	match	ceoturn	return	roa	ceoage	ceotenure	ceostock	punish	h1_index
ceowage	1	-0.0088	-0.1809a	0.0062	0.0442a	0.1409a	-0.012	0.2070a	-0.1235a	0.0215c
match	0.0113	1	0.2103a	0.0444	-0.0068	0.0486	0.0295	-0.0098	0.1200a	-0.0485
ceoturn	-0.2402a	0.1913a	1	0.0333a	-0.0222c	0.0493a	0.4770a	-0.0133	0.0697a	0.0073
return	0.0291	0.0462	-0.0188	1	0.0341a	-0.0106	0.0394a	-0.1964a	-0.0137	-0.0336a
roa	0.1735a	-0.0755c	-0.1313a	0.0891b	1	-0.0078	-0.0222b	0.0526a	-0.0342a	0.0889a
ceoage	0.1642a	0.0506	-0.0025	0.0102	-0.0118	1	0.1248a	0.0622a	-0.0364a	0.0577a
ceotenure	-0.0427	0.0719c	0.3290a	0.0345	0.0043	0.1009b	1	-0.0121	-0.0218c	-0.006
ceostock	0.1264a	-0.0149	-0.0489	-0.2474a	0.1602a	0.1190a	0.0147	1	0.0021	-0.0391a
punish	-0.1563a	0.1134a	0.1482a	-0.0789c	-0.0621	-0.0343	0.0065	-0.0573	1	-0.0658a
h1_index	-0.0749c	-0.0863b	0.0375	-0.0170	0.2231a	0.0028	-0.0502	-0.0407	-0.0667	1

注：左下和右上分别为皮尔逊积矩相关系数和斯皮尔曼秩相关系数。系数值后标示出的 a，b，c 分别代表相关系数在 1%，5%，10% 的置信水平上统计显著（双尾）。

表 4 - 12

会计重述与总经理薪酬检验的相关系数表（模糊配对）

	ceowage	restate	ceoturn	return	roa	ceoage	ceotenure	ceostock	punish	h1_index	asset	firmage	st
ceowage	1	-0.0336a	-0.1653a	-0.0002	0.1750a	0.1567a	0.0035	0.2145a	-0.1073a	0.0052	0.4396a	0.0128	-0.2235a
restate	-0.0434a	1	0.1004a	0.0371a	-0.0719a	0.0051	0.0261b	0.0100	0.1007a	-0.0521a	-0.0620a	0.1212a	0.0778a
ceoturn	-0.1811a	0.1140a	1	0.0270b	-0.0625a	0.0370a	0.3389a	-0.0180	0.0692a	-0.0005	-0.0414a	0.0325b	0.0667a
return	0.0059	0.0234b	0.0333a	1	0.0949a	0.0018	0.0272b	-0.1605a	-0.0046	-0.0451a	-0.0135	-0.0115	-0.014
roa	0.0460a	-0.0255b	-0.0222c	0.0341a	1	0.0008	0.0125	0.0618a	-0.0888a	0.1554a	0.2038a	-0.2246a	-0.2409a
ceoage	0.1372a	-0.0043	0.0493a	-0.0106	-0.0078	1	0.097a	0.0958a	-0.034a	0.0564a	0.1455a	-0.0073	-0.0609a
ceotenure	-0.0133	0.0217c	0.4770a	0.0394a	-0.0222b	0.1248a	1	0.0360a	-0.0315b	-0.0105	0.0235c	0.0023	-0.0112
ceostock	0.2024a	0.0064	-0.0133	-0.1964a	0.0526a	0.0622a	-0.0121	1	-0.0420a	-0.0503a	0.1341a	-0.0402a	-0.0024
punish	-0.1200a	0.1056a	0.0697a	-0.0137	-0.0342a	-0.0364a	-0.0218c	0.0021	1	-0.0631a	-0.1191a	0.0457a	0.1234a
h1_index	0.0181	-0.0516a	0.0073	-0.0336a	0.0889a	0.0577a	-0.006	-0.0391a	-0.0658a	1	0.2473a	-0.1635a	-0.1351a
asset	0.4209a	-0.0707a	-0.0502a	-0.0014	0.1116a	0.1587a	0.0496a	0.0699a	-0.1304a	0.3026a	1	-0.0562a	-0.2758a
firmage	-0.0523a	0.1282a	0.0392a	0.0166	-0.2070a	0.0029	0.0763a	-0.1820a	0.0109	-0.1085a	0.0113	1	0.0926a
st	-0.2308a	0.1059a	0.0792a	-0.0099	-0.1074a	-0.0679a	-0.0064	-0.0215c	0.1365a	-0.1210a	-0.2733a	0.1236a	1

注：左下和右上分别为尔逊积矩相关系数和斯皮尔曼秩相关系数。
系数值后标示出的 a、b、c 分别代表相关系数在 1%、5%、10% 的置信水平上统计显著（双尾）。

其他自变量之间的相关系数均在 0.4770 以下，故将这些变量一起放入模型中进行实证检验并不会带来严重的多重共线性问题。

（3）多变量回归。

使用精确配对样本对会计重述与总经理薪酬关系的检验发现，重述与否、会计业绩、市场业绩在精确配对样本回归中都不显著。显著的是：年龄越大、任期越短、总经理持股情况下，薪酬相应会更多；被处罚，则薪酬减少；股权集中度越高，薪酬越低。

模糊配对样本的结果显示，在其他条件不变的情况下，重述公司比非重述公司的总经理薪酬更低。会计业绩越好，总经理薪酬越高；但市场业绩没有显著关系；总经理年龄越大，薪酬越高；任期越短，薪酬越高；持股则薪酬高；受处罚则薪酬低；股权越集中，薪酬越低；规模越大，薪酬越高；公司上市时间越久，薪酬越高；ST 公司，薪酬更低。表 4 - 13 为会计重述与总经理薪酬检验的多变量回归结果。

表 4 - 13　　　　会计重述与总经理薪酬检验的多变量回归结果

变量名称	变量简称	预期符号	精确配对			模糊配对		
			系数	Z 值	P > Z	系数	Z 值	P > Z
会计重述	restate	负	− 0.0179	− 0.27	0.783	**− 0.0793**	**− 2.31**	**0.021**
总经理年龄	ceoage	？	**0.0166**	**2.94**	**0.003**	**0.0071**	**4.31**	**0.000**
总经理任期	ceotenure	负	**− 0.0642**	**− 3.15**	**0.002**	**− 0.0416**	**− 9.28**	**0.000**
总经理持股	ceostock	正	**0.3087**	**3.92**	**0.000**	**0.2494**	**2.14**	**0.032**
市场业绩	return	正	0.0189	0.66	0.510	− 0.0087	− 0.81	0.417
会计业绩	roa	正	− 0.0135	− 0.10	0.917	**1.2538**	**10.95**	**0.000**
处罚	punish	负	**− 0.3781**	**− 3.24**	**0.001**	**− 0.1132**	**− 2.62**	**0.009**
股权集中度	h1_index	负	**− 0.9629**	**− 3.31**	**0.001**	**− 0.5320**	**− 5.09**	**0.000**
规模	asset	正	在对重述样本进行一对一精确配对时已对这些变量予以控制			**0.2431**	**18.26**	**0.000**
公司年龄	firmage	？				**0.0149**	**3.11**	**0.002**
特别处理	st	负				**− 0.2806**	**− 5.27**	**0.000**
年度	分年设虚拟变量					控制		
行业	分行业设虚拟变量					控制		

续表

变量名称	变量简称	预期符号	精确配对			模糊配对		
			系数	Z 值	P > Z	系数	Z 值	P > Z
常数项	_cons	?	**11.8072**	**44.17**	**0.000**	**6.5300**	**21.39**	**0.000**
Wald 统计量	Wald chi2		56.87			2470.02		
	Prob > chi2		0.0000			0.0000		
拟合优度	Pseudo R^2		0.0944			0.2716		
样本数量	N		643			6046		

　　使用会计重述与高管薪酬的差分模型进行敏感性测试后发现，相比主检验模型，该模型的检验结果在统计意义上的显著性有所降低，但基本结论与主模型结论一致。

　　加入总经理变更虚拟变量进行交互后的精确配对结果如表 4 - 14 所示，重述与非重述公司薪酬变化不大，但总经理是否变更对薪酬变化是显著的，即总经理变更的公司，总经理薪酬更小。加入高管变更的交互项后，虽然符号没变，但不再显著，变更的系数是显著的。其他受影响的变量有：总经理任期变得不显著，处罚的显著性变小。

表 4 - 14　　加入总经理变更因素后的会计重述与总经理薪酬
检验的多变量回归结果

变量名称	变量简称	预期符号	精确配对			模糊配对		
			系数	Z 值	P > Z	系数	Z 值	P > Z
会计重述	restate	负	0.0461	0.62	0.535	- 0.0276	- 0.74	0.460
总经理变更	ceoturn	负	**- 0.4618**	**- 3.59**	**0.000**	**- 0.3584**	**- 16.75**	**0.000**
重述 * 变更	restate * ceoturn	负	0.0312	0.21	0.836	- 0.0071	- 0.11	0.912
总经理年龄	ceoage	?	**0.0158**	**2.86**	**0.004**	**0.0081**	**5.36**	**0.000**
总经理任期	ceotenure	负	0.0009	0.04	0.969	0.0047	0.99	0.324
总经理持股	ceostock	正	**0.2873**	**3.61**	**0.000**	**0.2273**	**2.13**	**0.033**
市场业绩	return	正	0.0183	0.66	0.512	- 0.0073	- 0.75	0.455
会计业绩	roa	正	0.0062	0.05	0.962	**1.1823**	**11.31**	**0.000**

续表

变量名称	变量简称	预期符号	精确配对			模糊配对		
			系数	Z值	P > Z	系数	Z值	P > Z
处罚	punish	负	−0.3122	−2.57	0.010	−0.0746	−1.88	0.060
股权集中度	h1_index	负	−0.6603	−2.25	0.024	−0.4431	−4.57	0.000
规模	asset	正	在对重述样本进行一对一精确配对时已对这些变量予以控制			0.2219	17.82	0.000
公司年龄	firmage	?				0.0147	3.24	0.001
特别处理	st	负				−0.2671	−5.35	0.000
年度	分年设虚拟变量					控制		
行业	分行业设虚拟变量					控制		
常数项	_cons	?	11.7485	44.93	0.000	6.9010	24.17	0.000
Wald 统计量	Wald chi2		79.27			3059.58		
	Prob > chi2		0.0000			0.0000		
拟合优度	Pseudo R^2		0.1223			0.3302		
样本数量	N		606			6025		

2. 会计重述与董事长薪酬

（1）单变量比较。

表4-15为会计重述与董事长薪酬的单变量检验结果。

表4-15　　　　会计重述与董事长薪酬的单变量检验结果

			董事长薪酬绝对数			董事长薪酬自然对数		
			准则前	准则后	全样本期	准则前	准则后	全样本期
精确配对	平均数	非重述公司	282405	358448.5	329286.2	12.17631	12.28448	12.24299
		重述公司	182855.8	396373	323994.3	11.56888	12.38537	12.1086
		差异	99549.2	−37924.5	5291.9	0.60743	−0.10089	0.13439
		显著性	2.8814 *** (0.0045)	−0.7015 (0.4836)	0.1416 (0.8875)	3.5275 *** (0.0006)	−0.7568 (0.4498)	1.2509 (0.2116)

续表

			董事长薪酬绝对数			董事长薪酬自然对数		
			准则前	准则后	全样本期	准则前	准则后	全样本期
精确配对	中位数	非重述公司	200000	240000	234400	12.20607	12.38839	12.36478
		重述公司	125000	294800	224050	11.73607	12.5939	12.31962
		差异	75000	−54800	10350	0.47	−0.20551	0.04516
		显著性	2.718 *** (0.0066)	−0.734 (0.4630)	0.772 (0.4400)	2.718 *** (0.0066)	−0.734 (0.4630)	0.772 (0.4400)
模糊配对	平均数	非重述公司	267142.4	504121.8	424825.7	12.05227	12.60514	12.42014
		重述公司	182360.3	399336.5	321774.9	11.5595	12.35785	12.07247
		差异	84782.1	104785.3	103050.8	0.49277	0.24729	0.34767
		显著性	4.1706 *** (0.0001)	2.4154 ** (0.0168)	3.4660 *** (0.0006)	3.4374 *** (0.0009)	2.5105 ** (0.0131)	4.0737 *** (0.0001)
	中位数	非重述公司	198550	338300	286150	12.19879	12.73169	12.56427
		重述公司	125000	276500	204383.3	11.73607	12.52989	12.22775
		差异	73550	61800	81766.7	0.46272	0.2018	0.33652
		显著性	3.232 *** (0.0012)	2.674 *** (0.0075)	4.020 *** (0.0001)	3.232 *** (0.0012)	2.674 *** (0.0075)	4.020 *** (0.0001)

注：对平均数的差异显著性检验使用的是双样本 t 检验（对于不满足方差齐性的样本使用的是加 unequal 选项的 t 检验，除精确配对样本的董事长薪酬是方差齐性外，其他三种是方差不齐的）；对中位数的差异显著性检验使用的是双样本 Wilcoxon 秩和检验（即 Mann-Whitney Test 的 U 统计量非参数检验）。"显著性"栏中列示的是 t 值（平均数）或 Z 值（中位数），括号中列示的是其相应的概率，* 、** 、*** 分别表示在 10%、5%、1% 的置信水平上具有统计显著性。

（2）变量间的相关关系分析。

表 4 – 16、表 4 – 17 列示了模型中涉及的各变量之间的皮尔逊积矩相关系数和斯皮尔曼秩相关系数。相关关系分析结果显示，无论是精确配对还是模型配对样本，主要考察变量均呈现出与预期相符的显著相关关系。其他自变量之间的相关系数均在 0.4558 以下，故将这些变量一起放入模型中进行实证检验并不会带来严重的多重共线性问题。

表 4 - 16

会计重述与董事薪酬检验的相关系数表（精确配对）

	chairwage	match	chairturn	return	roa	chairage	chairtenure	chairstock	punish	h1_index
chairwage	1	-0.0471	-0.1677a	0.0649	0.1169b	0.0786	-0.0022	0.0832	-0.1598a	-0.1108b
match	-0.0566	1	0.0290	0.1162b	-0.0676	-0.0094	0.0084	-0.1035c	0.1567a	-0.1196b
chairturn	-0.1391a	-0.0085	1	0.0120	-0.0825	0.1112b	0.2087a	-0.0373	0.0307	0.0675
return	0.0204	0.0444	0.0152	1	0.1348b	0.0550	0.0132	0.0484	-0.1246b	-0.0364
roa	0.0604a	-0.0068	0.0103	0.0341a	1	0.0162	0.0498	0.0632	-0.0882	0.1544a
chairage	0.1207a	-0.0155	0.0583a	-0.0116	0.0222b	1	0.1886a	-0.0429	-0.0180	-0.0164
chairtenure	-0.0148	-0.0698c	0.4558a	0.0213c	0.0053	0.1352a	1	-0.0527	-0.0049	0.0596
chairstock	0.0965a	-0.0312	-0.0298b	0.0037	0.0848a	-0.0479a	-0.0314a	1	-0.0314	-0.0984c
punish	-0.1018a	0.1200a	0.0439a	-0.0137	-0.0342a	-0.0593a	-0.0145	0.0081	1	-0.0658a
h1_index	-0.0101	-0.0485	0.0276b	-0.0336a	0.0889a	0.0770a	0.0092	-0.1128a	0.0236	1

注：左下和右上分别为皮尔逊积矩相关系数和斯皮尔曼秩相关系数。

系数值后标示出的 a、b、c 分别代表相关系数在 1%、5%、10%的置信水平上统计显著（双尾）。

表 4－17　　会计重述与董事长薪酬检验的相关系数表 （模糊配对）

	chairwage	restate	chairturn	return	roa	chairage	chairtenure	chairstock	punish	h1_index	asset	firmage	st
chairwage	1	-0.0670a	-0.1366a	0.021	0.0589a	0.1162a	-0.0133	0.0951a	-0.0991a	-0.0128a	0.3774a	-0.1293a	-0.1984a
restate	-0.0567a	1	0.0171	0.0456a	-0.1007a	-0.0275c	-0.0220	-0.0347b	0.1277a	-0.0639a	-0.0636a	0.1665a	0.0864a
chairturn	-0.1214a	0.0115	1	-0.0022	-0.0395b	0.0622a	0.2818a	-0.0324c	0.0461a	0.0148	-0.0399b	0.0370b	0.0615a
return	0.0514a	0.0234b	0.0152	1	0.0987a	0.0056	0.0485a	0.0038	0.0059	-0.0613a	0.0490a	-0.0008	-0.0293c
roa	0.1771a	-0.0255b	0.0103	0.0341a	1	0.0845a	0.0500a	0.0967a	-0.0951a	0.1352a	0.2357a	-0.2240a	-0.2459a
chairage	0.1621a	-0.0156	0.0583a	-0.0116	0.0222b	1	0.1094a	-0.0025	-0.0541a	0.0573a	0.1804a	-0.0465a	-0.0783a
chairtenure	0.0107	-0.0266b	0.4558a	0.0213c	0.0053	0.1352a	1	0.0109	-0.0104	0.0243	0.0407b	-0.0175	-0.0158
chairstock	0.0968a	-0.0293b	-0.0298b	0.0037	0.0848a	-0.0479a	-0.0314a	1	-0.0092	-0.1318a	-0.0375b	-0.2004a	-0.0187
punish	-0.0937a	0.1056a	0.0439a	-0.0137	-0.0342a	-0.0593a	-0.0145	0.0081	1	-0.0431a	-0.1105a	0.0551a	0.1298a
h1_index	-0.0128a	-0.0516a	0.0276b	-0.0336a	0.0889a	0.0770a	0.0092	-0.1128a	-0.0658a	1	0.1878a	-0.1674a	-0.1175a
asset	0.3774a	-0.0707a	-0.0393a	-0.0014	0.1116a	0.2192a	0.0489a	-0.0977a	-0.1304a	0.3026a	1	-0.0503a	-0.2628a
firmage	-0.1293a	0.1282a	0.0202c	0.0166	-0.2070a	-0.0006	0.0638a	-0.3671a	0.0109	-0.1085a	0.0113	1	0.0965a
st	-0.1984a	0.1059a	0.0622a	-0.0099	-0.1074a	-0.0945a	-0.0009	-0.0564a	0.1365a	-0.1210a	-0.2733a	0.1236a	1

注：左下和右上分别为皮尔逊积矩相关系数和斯皮尔曼秩相关系数。系数值后标示出的 a，b，c 分别代表相关系数在 1%、5%、10%的置信水平上统计显著 （双尾）。

（3）多变量回归。

精确配对样本检验结果与预期相符，但不显著。市场业绩越高，则董事长薪酬越高；任期越长，薪酬越低；持股，则薪酬高；受处罚，则薪酬低；股权集中度与薪酬负相关。

模糊配对结果与精确配对结果略有不同，主要结果为：会计重述与薪酬呈现统计显著的负相关；会计业绩越高，薪酬越高；任期越长，薪酬越低；处罚与预期相符，但不再显著；股权集中度越高，则薪酬越低；规模越大，薪酬越高；ST 公司的董事长薪酬更低。表 4 - 18 为会计重述与董事长薪酬检验的多变量回归结果。

表 4 - 18　　　　会计重述与董事长薪酬检验的多变量回归结果

变量名称	变量简称	预期符号	精确配对			模糊配对		
			系数	Z 值	P > Z	系数	Z 值	P > Z
会计重述	restate	负	- 0. 1465	- 1. 25	0. 212	**- 0. 1480**	**- 2. 68**	**0. 007**
董事长年龄	chairage	?	0. 0105	1. 20	0. 228	0. 0036	1. 49	0. 137
董事长任期	chairtenure	负	**- 0. 0737**	**- 1. 67**	**0. 095**	**- 0. 0403**	**- 5. 66**	**0. 000**
董事长持股	chairstock	正	**0. 6980**	**2. 06**	**0. 039**	**0. 1678**	**1. 07**	**0. 287**
市场业绩	return	正	**0. 0728**	**1. 65**	**0. 098**	**- 0. 0053**	**- 0. 35**	**0. 730**
会计业绩	roa	正	- 0. 3212	- 1. 60	0. 111	1. 0058	5. 71	0. 000
处罚	punish	负	- 0. 3041	- 1. 71	0. 086	- 0. 0236	- 0. 37	0. 711
股权集中度	h1_index	?	**- 1. 0056**	**- 1. 72**	**0. 085**	**- 0. 6520**	**- 3. 74**	**0. 000**
规模	asset	正				**0. 3111**	**13. 85**	**0. 000**
公司年龄	firmage	?	在对重述样本进行一对一精确配对时已对这些变量予以控制			0. 0010	0. 13	0. 897
特别处理	st	负				**- 0. 1711**	**- 2. 13**	**0. 033**
年度	分年设虚拟变量					控制		
行业	分行业设虚拟变量					控制		
常数项	_cons	?	**11. 8527**	**27. 00**	**0. 000**	**5. 2701**	**10. 47**	**0. 000**
Wald 统计量	Wald chi2		22. 50			871. 48		
	Prob > chi2		0. 0041			0. 0000		
拟合优度	Pseudo R^2		0. 0670			0. 2356		
样本数量	N		342			3613		

　　表 4 - 19 列示了加入董事长变更后的检验结果。加入董事长变更后的精确配对样本结果显示，交互项是显著的，说明若董事长变更，则重述与薪酬关系的敏感度增加。会计业绩变为负显著；年龄越大，薪酬越高；公司受处罚，则董事长薪酬降低；股权集中度越高，则薪酬越低。加入董事长变更后的模糊配对样本显示，重述符号符合预期，但不显著。交互项和变更系数都是符合预期且统计显著，即说明高管变更公司，其高管薪酬相对较小。

表 4 - 19　　　　　加入董事长变更因素后的会计重述与董事长薪酬
检验的多变量回归结果

变量名称	变量简称	预期符号	精确配对			模糊配对		
			系数	Z 值	P > Z	系数	Z 值	P > Z
会计重述	restate	负	- 0.0466	- 0.37	0.709	- 0.0546	- 0.99	0.323
董事长变更	chairturn	负	- 0.1237	- 0.49	0.626	**- 0.2884**	**- 7.35**	**0.000**
重述 * 变更	restate * chairturn	负	**- 0.7438**	**- 2.37**	**0.018**	**- 0.5466**	**- 3.87**	**0.000**
董事长年龄	chairage	?	**0.0150**	**1.76**	**0.079**	**0.0053**	**2.34**	**0.020**
董事长任期	chairtenure	负	- 0.0416	- 0.92	0.358	- 0.0110	- 1.45	0.146
董事长持股	chairstock	正	0.6631	1.05	0.295	0.1271	0.85	0.393
市场业绩	return	正	0.0660	1.53	0.126	- 0.0070	- 0.48	0.628
会计业绩	roa	正	**- 0.3377**	**- 1.69**	**0.091**	**0.8801**	**5.28**	**0.000**
处罚	punish	负	**- 0.3006**	**- 1.67**	**0.095**	- 0.0031	- 0.05	0.959
股权集中度	h1_index	?	**- 1.0524**	**- 1.80**	**0.073**	**- 0.6096**	**- 3.71**	**0.000**
规模	asset	正	在对重述样本进行一对一精确配对时已对这些变量予以控制			**0.2930**	**13.74**	**0.000**
公司年龄	firmage	?				- 0.0010	- 0.14	0.889
特别处理	st	负				**- 0.1418**	**- 1.86**	**0.063**
年度	分年设虚拟变量					控制		
行业	分行业设虚拟变量					控制		
常数项	_cons	?	**11.6170**	**26.64**	**0.000**	**5.6036**	**11.74**	**0.000**
Wald 统计量	Wald chi2		40.95			1011.02		
	Prob > chi2		0.0000			0.0000		
拟合优度	Pseudo R^2		0.1131			0.2486		
样本数量	N		324			3606		

4.3.3 基于准则变迁的进一步分析

1. 总经理变更

表 4-20 显示了加入准则变迁因素的总经理变更的进一步检验结果。在精确配对样本的检验中，重述、准则、重述与准则交互这三个变量的系数都是显著的，根据其正负号判断得出，会计重述更容易导致总经理变更，准则后比准则前总经理变更概率更大，但在准则后重述与总经理变更的敏感性变小。但准则、重述准则交互项这两个变量系数在模糊配对检验中虽然符号与精确配对检验相同，但统计上不显著。无论精确配对还是模糊配对都显示，总经理任期越长，越容易变更；控制人性质是国有的，越不容易变更；受处罚的公司，总经理更容易变更；股权集中度高的公司，更容易发生总经理变更；董事长变更和总经理变更正相关。此外，模糊配对检验的结果还显示，会计业绩与高管变更负相关；公司规模与高管变更负相关；ST 类公司与高管变更正相关。

表 4-20　CAS 2006 实施前后会计重述与总经理变更检验的多变量回归结果

变量名称	变量简称	预期符号	精确配对			模糊配对		
			系数	Z 值	P＞Z	系数	Z 值	P＞Z
会计重述	restate	正	**2.2984**	**3.91**	**0.000**	**1.3789**	**4.82**	**0.000**
重述与准则交互	restate * stardard	?	**−1.3172**	**−2.00**	**0.046**	−0.3105	−0.91	0.365
准则前后	stardard	?	**1.1720**	**2.12**	**0.034**	0.7723	1.23	0.220
总经理年龄	ceoage	?	0.0090	0.36	0.717	0.0046	0.59	0.558
总经理任期	ceotenure	正	**0.9975**	**6.12**	**0.000**	**0.9661**	**24.45**	**0.000**
总经理持股	ceostock	负	−0.2081	−0.50	0.616	−0.6816	−1.13	0.258
会计业绩	roa	负	−1.9310	−1.11	0.265	**−2.0782**	**−2.98**	**0.003**
市场业绩	return	负	−0.0719	−0.43	0.667	0.0810	1.21	0.224
控制人性质	state	负	**−1.0701**	**−2.89**	**0.004**	**−0.3540**	**−2.95**	**0.003**

续表

变量名称	变量简称	预期符号	精确配对			模糊配对		
			系数	Z 值	P > Z	系数	Z 值	P > Z
处罚	punish	正	1.5281	2.99	0.003	0.8124	3.92	0.000
股权集中度	h1_index	?	2.2857	1.74	0.082	1.2181	2.87	0.004
董事长变更	chairturn	正	2.5366	5.51	0.000	1.3802	12.22	0.000
规模	asset	负	在对重述样本进行一对一精确配对时已对这些变量予以控制			-0.1050	-2.07	0.038
公司年龄	firmage	?				0.0076	0.47	0.639
特别处理	st	正				0.3341	1.93	0.054
年度	分年设虚拟变量					控制		
行业	分行业设虚拟变量					控制		
常数项	_cons	?	-5.8044	-3.98	0.000	-2.4261	-2.11	0.035
Wald 统计量	Wald chi2		49.73			712.72		
	Prob > chi2		0.0000			0.0000		
对数似然比	Log likelihood		-254.3891			-2021.8750		
	LR chi2 (01)		8.15			55.69		
	Prob > chi2		0.002			0.000		
拟合优度	Pseudo R^2		0.3145			0.2858		
样本数量	N		620			5852		

2. 董事长变更

表 4-21 显示了加入准则变迁因素的董事长变更的进一步检验结果。重述、准则、重述与准则交互三个变量的系数在两类配对中均不显著。董事长任期在两类样本中都显著，且与预期相同，即任期越长越可能变更；会计业绩在两类样本中也与预期相同且统计显著，会计业绩越好，董事长越不易变更。另外在模糊配对样本检验中还发现，公司规模越大，越不可能发生董事长变更；公司被特别处理，则与董事长变更概率正相关。

表 4-21　　CAS 2006 实施前后会计重述与董事长变更检验的多变量回归结果

变量名称	变量简称	预期符号	精确配对			模糊配对		
			系数	Z 值	P > Z	系数	Z 值	P > Z
会计重述	restate	正	-0.2727	-0.61	0.544	0.0054	0.02	0.987
重述与准则交互	restate * stardard	?	0.7529	1.21	0.225	0.0696	0.16	0.869
准则前后	stardard	?	-0.7695	-1.58	0.114	0.3004	1.25	0.212
董事长年龄	chairage	?	0.0186	0.79	0.427	0.0028	0.34	0.736
董事长任期	chairtenure	正	**0.8581**	**5.86**	**0.000**	**0.8582**	**19.94**	**0.000**
董事长持股	chairstock	负	-20.2786	0.00	1.000	-0.8256	-1.30	0.194
会计业绩	roa	负	**-3.7166**	**-2.06**	**0.039**	**-3.8552**	**-4.92**	**0.000**
市场业绩	return	负	-0.0140	-0.08	0.937	-0.0627	-0.73	0.464
控制人性质	state	负	0.1253	0.35	0.729	0.1327	0.93	0.353
处罚	punish	正	-0.0182	-0.03	0.973	0.3129	1.29	0.198
股权集中度	h1_index	?	1.0712	0.81	0.419	0.3882	0.79	0.430
规模	asset	负	在对重述样本进行一对一精确配对时已对这些变量予以控制			**-0.1818**	**-3.04**	**0.002**
公司年龄	firmage	?				0.0060	0.31	0.756
特别处理	st	正				**0.4152**	**2.12**	**0.034**
年度	分年设虚拟变量					控制		
行业	分行业设虚拟变量					控制		
常数项	_cons	?	**-4.7803**	**-3.70**	**0.000**	-1.4781	-1.09	0.277
Wald 统计量	Wald chi2		41.25			440.36		
	Prob > chi2		0.0000			0.0000		
对数似然比	Log likelihood		-187.3715			-1634.1816		
	LR chi2 (01)		2.33			62.43		
	Prob > chi2		0.063			0.000		
拟合优度	Pseudo R²		0.2116			0.2279		
样本数量	N		528			5186		

3. 总经理薪酬

表 4 - 22 列示的是加入准则变迁因素的总经理薪酬的进一步检验结果。准则后期，会计重述与薪酬的敏感性变小，这与高管变更的情况类似。加入准则、重述准则交互项之后，重述系数变为负显著。说明越是进行重述的公司，其总经理薪酬越低；准则后比准则前薪酬整体提高；准则后期重述与薪酬的敏感系数下降。其他的控制变量如总经理年龄和任期在两类样本中都与总经理薪酬显著相关，即总经理年龄越大，薪酬越高；任期越长，薪酬越少；受处罚的公司，总经理薪酬相对更少；股权集中度高的，薪酬越少；在模糊配对样本检验中还显示，总经理持股情况下，总经理薪酬更高；规模越大，薪酬越高；公司上市时间越长，薪酬越大；被特别处理的公司，其薪酬相对较低。

表 4 - 22　　CAS 2006 实施前后会计重述与总经理薪酬检验的多变量回归结果

变量名称	变量简称	预期符号	精确配对			模糊配对		
			系数	Z 值	P > Z	系数	Z 值	P > Z
会计重述	restate	负	-0.1803	-1.68	0.093	-0.1678	-2.93	0.003
准则	standard	?	0.2552	2.73	0.006	0.2813	8.49	0.000
重述 * 准则	restate * standard	?	0.2402	1.84	0.066	0.1348	1.93	0.053
总经理年龄	ceoage	?	0.0156	2.82	0.005	0.0071	4.34	0.000
总经理任期	ceotenure	负	-0.0756	-3.81	0.000	-0.0416	-9.30	0.000
总经理持股	ceostock	正	0.1313	1.57	0.115	0.2472	2.13	0.034
市场业绩	return	正	-0.0352	-1.21	0.227	-0.0093	-0.87	0.383
会计业绩	roa	正	0.0027	0.02	0.983	1.2467	10.88	0.000
处罚	punish	负	-0.2897	-2.53	0.011	-0.1083	-2.50	0.012
股权集中度	h1_index	?	-0.8907	-3.10	0.002	-0.5423	-5.18	0.000
规模	asset	正	在对重述样本进行一对一精确配对时已对这些变量予以控制			0.2440	18.32	0.000
公司年龄	firmage	?				0.0140	2.89	0.004
特别处理	st	负				-0.2842	-5.33	0.000
年度	分年设虚拟变量					控制		
行业	分行业设虚拟变量					控制		

续表

变量名称	变量简称	预期符号	精确配对			模糊配对		
			系数	Z 值	P > Z	系数	Z 值	P > Z
常数项	_cons	?	**11. 7344**	**44. 10**	**0. 000**	**6. 5310**	**21. 40**	**0. 000**
Wald 统计量	Wald chi2		91. 93			2474. 94		
	Prob > chi2		0. 0000			0. 0000		
拟合优度	Pseudo R^2		0. 2034			0. 2723		
样本数量	N		643			6046		

4. 董事长薪酬

表 4 – 23 列示的是加入准则变迁因素的董事长薪酬的进一步检验结果。精确配对样本结果显示：重述系数变得显著，且拟合优度提高了。但准则、准则与重述交互项两个变量的系数未呈现统计显著。董事长持股情况下，薪酬会更高；其他的控制变量变得不显著。模糊配对样本结果显示：重述系数显著为负。准则及准则重述交互变量的系数也都表现为正显著，这说明准则后，重述与薪酬的敏感度变小。会计业绩越高，薪酬越高；任期越长，薪酬越少；股权集中度越高，薪酬越少；规模越大，薪酬越多；ST 公司，薪酬越少。

表 4 – 23 　CAS 2006 实施前后会计重述与董事长薪酬检验的多变量回归结果

变量名称	变量简称	预期符号	精确配对			模糊配对		
			系数	Z 值	P > Z	系数	Z 值	P > Z
会计重述	restate	负	**− 0. 3567**	**− 2. 13**	**0. 033**	**− 0. 3434**	**− 4. 31**	**0. 000**
准则	standard	负	0. 1385	0. 90	0. 366	**0. 3214**	**9. 31**	**0. 000**
重述 * 准则	restate * standard	负	0. 3478	1. 57	0. 115	**0. 3581**	**3. 41**	**0. 001**
董事长年龄	chairage	?	0. 0081	0. 95	0. 344	0. 0035	1. 45	0. 146
董事长任期	chairtenure	负	− 0. 0686	− 1. 57	0. 116	**− 0. 0400**	**− 5. 63**	**0. 000**
董事长持股	chairstock	正	**0. 5858**	**1. 75**	**0. 081**	0. 1540	0. 98	0. 328
市场业绩	return	正	0. 0243	0. 53	0. 596	− 0. 0079	− 0. 51	0. 611

续表

变量名称	变量简称	预期符号	精确配对			模糊配对		
			系数	Z 值	P > Z	系数	Z 值	P > Z
会计业绩	roa	正	-0.2779	-1.39	0.164	**0.9966**	**5.66**	**0.000**
处罚	punish	负	-0.1850	-1.03	0.305	0.0020	0.03	0.975
股权集中度	h1_index	?	-0.8718	-1.51	0.131	**-0.6657**	**-3.83**	**0.000**
规模	asset	正				0.3130	13.94	0.000
公司年龄	firmage	?	在对重述样本进行一对一精确配对时已对这些变量予以控制			-0.0033	-0.42	0.678
特别处理	st	负				-0.1830	-2.27	0.023
年度	分年设虚拟变量					控制		
行业	分行业设虚拟变量					控制		
常数项	_cons	?	**11.8778**	**27.11**	**0.000**	5.3055	10.55	0.000
Wald 统计量	Wald chi2		33.63			885.30		
	Prob > chi2		0.0002			0.0000		
拟合优度	Pseudo R^2		0.0925			0.2370		
样本数量	N		342			3613		

4.4 本章小结

本章通过对会计重述与高管变更及其薪酬的多元回归分析，检验了会计重述对高管变更和高管薪酬的增量效果，并加入准则变迁变量进行交互来考察《企业会计准则（2006）》实施前后的差异。

会计重述与高管变更的实证检验结果显示，重述公司的总经理变更率显著高于非重述公司的总经理变更率。这说明会计重述对总经理变更具有增量影响力，即在其他条件一定的情况下，会计重述会显著增加总经理变更的概率。但会计重述对董事长变更不具有这种增量影响。在其他条件一定的情况下，最终控制人性质、高管任期、会计业绩、公司是否被处罚、股权集中度、公司规模、公司是否被特别处理等，都对高管变更有一定解释力。会计重述与高管薪酬检验的实证结果显示，在其他条件一定的情况下，重述公司比非重述公司的总经理薪酬和董事长薪酬都更低。董事长变更会影响会计重述与董事长薪酬的敏感性，但总经理变更无相应作用。高管年龄、高管任期、高管持股、市场业绩、会计业绩、公司是否被处罚、股权集中度、公司规模、公司是否被特别处理，都在一定程度上对高管薪酬具有解释力。加入准则变迁交互项的回归结果显示，准则后期比准则前期总经理变更概率大，对董事长变更无显著影响；准则后期会计重述对高管薪酬的影响系数有所下降。综上可见，会计重述对高管变更与高管薪酬都存在增量影响。

第 5 章

会计重述前后盈余质量差异及制度效果检验

　　无论会计重述公司是由于监管当局或资本市场压力而重塑形象，还是高管为应对变更或降薪而实施新举措，都将最终影响到重述后公司的财务状况和经营成果。在第 3 章第 3.2 节对会计盈余质量特征的理论阐释与经验测度分析的基础上，本章从盈余持续性、盈余稳健性、应计质量这三个相互关联但各有侧重的盈余质量研究视角入手，考察相比非重述公司、重述公司在会计重述前后在盈余质量上的差异及其成因，以检验会计重述对盈余修正的短期和长期作用，以及重述相关会计标准的制度效果。

5.1　假设的提出

　　会计重述的直接目标是纠正企业之前报告中错误或扭曲的信息，使企业可以更真实地反映财务状况和经营成果。无论是外部监管方、第三方审计还是公司自查更正，都是对以前出现的会计差错的修正和改良，因而重述后盈余应该比初始呈报盈余更能如实反映企业的真实情况。因此有理由相信，与重述前的当期盈余相比，重述后的当期盈余与下期盈余的关联性应该更为紧密，即被重述的盈余部分具有增量持续性。由此提出第一个假设。

　　假设 5 - 1：相比初始呈报盈余，会计重述后的盈余的持续性更强。

会计重述除了起到修正财务会计信息的目的外，更重要的是期望能通过会计重述达到警示管理者改进经营管理，最终达到改善经营成果和财务状况的目标①。现代企业中所有权与经营权分离，剩余控制权与剩余索取权不能完全匹配，内部人拥有最翔实准确的第一手信息，有动机和能力利用信息优势来寻租。已有研究表明，存在内部人通过会计重述前后股价变动买卖股票而获得私人收益的情形。李和张（Li & Zhang，2006）发现内部人会利用信息优势在重述之前抛出股票以减少股价下跌损失。还有研究表明，持有股票期权的 CEO 更有动机通过错报影响股价从而增加个人财富，如伯恩斯和凯迪亚（Burns & Kedia，2006）实证表明，CEO 期权组合对股价的敏感度与重述可能性显著正相关。由重述行为动机的其他研究也可以看出，重述公司尤其是对关键会计指标进行重述的公司确实传递出真实的坏消息，如德乔治、帕特尔和泽克豪瑟（Degeorge，Patel & Zeckhauser，1999）的研究表明，为保持公司市值及达到分析师预期，上市公司有足够动机采用各种激进手段来操纵盈余，从而容易导致更为频繁的重述。由此可推断，重述公司本身的确可能已存在经营或投融资问题，或为了满足某些动机粉饰了盈余。如果是这样，重述公司在重述前的盈余质量自然应该不如非重述公司。已有研究表明，会计重述往往是由于激进的会计行为所致，因而有理由推测为避免再次重述和受到处罚，公司在重述后可能对会计确认与计量变得更加谨慎（Huang，Shangguan & Vasudevan，2009）。一方面，如果会计重述真的可以对盈余质量起到实质性改进作用，那么在重述后应比重述前的盈余质量有较大的改善。由于高质量的盈余必是可持续性的盈余，因而如果会计重述的确具有改进作用，则相比非重述公司，重述公司在重述后的盈余持续性应该更高。另一方面，因为第 4 章中所论述之重塑组织正当性的需要，公司有把业绩做得更容易为投资者识别和认可的迫切需要，而盈余持续性相比其他盈余质量特征更容易被市场参与者所识别和反应。基于这两方面的原因，本研究认为相比非重述公司，重述公司的盈余持续性在重述后应该会有所改善。以斯隆（1996）、谢（2001）等为代表的文献研究了盈余不同部分的持续性差异，结果显示，由于应计项目比现金流量更易被操控，因而应计项目的持续性要显著

① 对本部分假设提出的具体理论分析已在第 3 章中进行了详细阐明，在此只结合相关文献进行简单说明。

低于现金流量的持续性。因而重述公司在应计项目和现金流量持续性上的改进幅度可能也存在差异。

综上所述，我们对总体盈余持续性和分部盈余持续性分别提出以下两个假设。

假设 5 – 2a： 会计重述发生后，重述公司的总体盈余持续性比重述前改进得更多。

假设 5 – 2b： 会计重述发生后，重述公司的分部盈余持续性比重述前改进得更多，但应计项目和现金流量的持续性改进幅度不同。

从理论上说（在重述执行效果很好的情况下），会计重述应该能够促进公司业绩的改善。但在实际上，也可能存在为避免企业声誉或组织正当性严重受损而导致组织面临诉讼、破产、退市等严惩情况，因而可能通过高管变更或粉饰线上项目达到向利益相关者传递公司改善的信号，但实际上没有得以改善。在这种情况下，盈余可能表面看来是具有持续性的，但实际上并非稳健，其应计质量也并不一定高。毋庸置疑，高质量的盈余必然是可持续的。但是反过来，可持续性的盈余未必是高质量的，这是因为可持续的盈余未必是真实的。而且盈余各质量特征指标间有时作用是相反的，如盈余越稳健，盈余的可变性可能越大，平滑性越低，持续性越差。在公司内部人的干预下，盈余的非持续性部分也可能因人为操纵而呈现出持续性的表象，在这种情况下最受影响的是盈余稳健性，且在此情况下盈余持续性和盈余稳健性的表现往往是相反的。因而用盈余持续性来表征盈余质量时，必须加入附以其他视角下的盈余特征进行联合考察。因此对重述公司在重述前后的盈余质量考察时，又加入了盈余稳健性和应计质量。根据之前对作用机理的分析，公司为了尽快修补组织正当性，让投资者更快地看到公司业绩好转的迹象，很可能通过损失盈余稳健性和应计质量来获得盈余持续性，因此本研究又提出了以下两个假设。

假设 5 – 3： 会计重述发生后，重述公司的盈余稳健性降低。

假设 5 – 4： 会计重述发生后，重述公司的应计质量下降。

5.2 研究设计

5.2.1 盈余持续性模型设定及变量定义

1. 盈余持续性的基础模型选择

通过对目前国内外相关实证文献的研究发现，对盈余持续性的计量应用较多的方法主要有三种：盈余时间序列模型、线性一阶自回归模型、利用盈余与股价关系求得盈余反应系数（ERC）继而推断盈余持续性。盈余时间序列模型具有良好的理论基础，ARIMA 模型即为其中的代表，该模型适合较长的时间序列数据，否则易导致生存偏差（孙谦，2010）。本书采用的数据仅有五年，使用该模型会放大可能的噪音，因而会降低结论的可信度。由于众多文献证实了 ERC 与盈余持续性的正向相关关系，故用 ERC 来衡量公司盈余持续性在西方会计文献中也得到认同（Baber, Kang & Kumar, 1998）。但是，若要确保用 ERC 判断会计盈余质量的准确性，须具备有效市场假设和投资者理性假设两个必要条件（戴晓娟，2005），显然我国资本市场不能较好地满足这两个前提，因而用 ERC 来判断盈余持续性可能无法确保结论的说服力。线性一阶自回归模型，首先由弗里曼、奥尔森和彭曼（Freeman, Ohlson & Penman, 1982）提出，之后在一些经典论文如斯隆（1996）、法玛和弗兰西（2000）中得到进一步应用。由于其应用时的限制条件较少，日渐成为估算盈余持续性的主流方法。虽然一阶线性回归模型的数理基础和理论支撑较为薄弱，但结合本研究样本的特点，权衡另外两种计量方法的利弊，相对而言该模型更适合本研究。因此在会计重述与盈余持续性部分的三个检验中，使用的基础模型均为线性一阶自回归模型。该模型的基本思路是用下期盈余对当期盈余进行回归，回归系数即代表了盈余持续性。系数越接近1，说明盈余前后期的相关性越强，盈余的持续性也就越强。

2. 被重述盈余部分的增量持续性检验

本部分主要检验会计重述是否改善了当期盈余，即会计重述对盈余是否具有短期修正效应。借鉴熙（2008）的方法构建使用的具体模型如下：

$$E_{t+1} = \alpha_0 + \alpha_1 E_t^R + \varepsilon \tag{C1}$$

$$E_{t+1} = \alpha_0 + \alpha_1 E_t + \alpha_2 \Delta Restate_t + \varepsilon \tag{C2}$$

其中，E_{t+1} 表示 t+1 年扣除非经常性损益的净利润；E_t 表示 t 年重述前的扣除非经常性损益的净利润；$E_t^R - t$ 表示 t 年重述后的扣除非经常性损益的净利润；$\Delta Restate_t$：t 年差错更正前后的盈余变化量 =（t 年重述后的扣除非经常性损益的净利润即 E_t^R）-（t 年重述前的扣除非经常性损益的净利润即 E_t）。以上三个变量均用平均总资产予以标准化，其中平均总资产等于期初总资产和期末总资产的平均数。若方程（C2）的系数 α_2 显著为正，则说明会计重述后的盈余比更正前的盈余更具持续性；反之亦反。

3. 重述与非重述公司在重述前后的盈余持续性差异检验

由上述分析可知，第一部分主要研究了会计重述是否改善了当期的盈余持续性，即会计重述对盈余是否存在短期修正效应。本部分检验的主要是会计重述对盈余持续性是否还存在长期效应，也就是说在重述前后，重述公司与非重述公司在盈余及其组成部分的持续性上有何差异。

（1）研究期间说明。

检验重述公司与同类非重述公司在会计重述前后盈余持续性变动幅度差异的研究期间说明如下。以重述发生年作为第 0 年，用 +1 年和 +2 年的相关数据检验会计重述发生后的盈余持续性，用 -2 年和 -1 年的相关数据来检验会计重述发生前的盈余持续性，并进行对比（见图 5-1）。盈余及其组成部分的持续性模型均按重述前期（用 -2 年和 -1 年的相关数据）和重述后期（用 +1 年和 +2 年的相关数据）分别进行全样本期和分年度样本回归。重述前回归时，t 年为重述年的前 2 年，t+1 年为重述年的前 1 年。重述后回归时，t 年为重述年的后 1 年，t+1 年为重述年的后 2 年。此外，由于研究重述前后的盈余质量变化的各模型都需要至少重述前后各 2 年的财务数据，故研究样本期间不能是完整的 2005~2010 年，而是根据情况相应有所减少。如盈余持续性模型中，在研究重述前期情况时，可取的研究样本期间为 2006 年至 2010 年；而在研究重述后期情况时，可取的研究期间为 2005 年至 2008 年；重述前后期均能完全配比的年份只有 2006 年至 2008 年共 3 年。

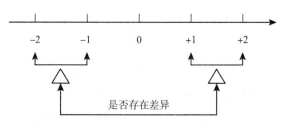

图 5 - 1　盈余持续性模型的研究期间说明

（2）总体盈余持续性差异检验。

在盈余一阶自回归模型中加入重述与否的交互变量后形成的总体盈余持续性拓展模型如下：

$$E_{t+1} = \alpha_0 + \alpha_1 Restate_t + \alpha_2 E_t + \alpha_3 Restate_t E_t + \varepsilon \qquad （D）$$

$Restate_t$ 为虚拟变量，t 年发生会计重述的公司为 1，否则为 0；其他变量同方程（C）。为便于理解各回归系数的意义，把虚拟变量 $Restate_t$ 的值代入方程后得到，针对非重述公司样本的方程为：$E_{t+1} = \alpha_0 + \alpha_2 \cdot E_t$；针对重述公司样本的方程为：$E_{t+1} = (\alpha_0 + \alpha_1) + (\alpha_2 + \alpha_3) \cdot E_t$。由此可知，非重述公司的总体盈余持续性系数为 α_2；重述公司的总体盈余持续性系数为 $(\alpha_2 + \alpha_3)$。盈余持续性系数越高，说明当期盈余对未来盈余的预测能力越强，即盈余持续性越高。α_3 为重述与非重述公司的持续性差异系数。若 $\alpha_3 > 0$，说明相比非重述公司，重述公司的持续性更强；若 $\alpha_3 < 0$，说明相比非重述公司，重述公司的盈余持续性更弱。

（3）现金流量和应计项目持续性差异检验。

加入重述与否的交互项后现金流量和应计项目持续性差异拓展模型如下：

$$E_{t+1} = \alpha_0 + \alpha_1 OCF_t + \alpha_2 ACC_t + \alpha_3 Restate_t$$
$$+ \alpha_4 Restate_t OCF_t + \alpha_5 Restate_t ACC_t + \varepsilon \qquad （E）$$

其中，OCF_t 表示的是 t 期的经营性现金流量净额（Operating Cash Flows）；ACC_t 表示的是 t 期经营性应计项目数额（Operating Accruals）。为便于理解系数的意义，把虚拟变量 $Restate_t$ 的值代入方程后得到，非重述公司的方程为：$E_{t+1} = \alpha_0 + \alpha_2 OCF_t + \alpha_3 \cdot ACC_t$；重述公司的方程为：$E_{t+1} = (\alpha_0 + \alpha_3) + (\alpha_1 + \alpha_4) \cdot OCF_t + (\alpha_2 + \alpha_5) \times ACC_t$。由此可知，非重述公司的经营性现金流量和经营性应计项目的持续性系数分别为：α_2 和 α_3；重述公司的经营性现金流量和经营性应计项目的持续性系数分别为：$(\alpha_1 + \alpha_4)$ 和 $(\alpha_2 + \alpha_5)$。根据已有文献的研究结果（Sloan，1996），现金

流量持续性好于应计项目持续性，故预计 $\alpha_2 > \alpha_3$，$(\alpha_1 + \alpha_4) > (\alpha_2 + \alpha_5)$，此外，还对 OCF 和 ACC 的系数进行自变量联合检验，以计量 OCF 和 ACC 对因变量的相对影响。α_4 和 α_5 分别是重述公司相对非重述公司的现金流量和应计项目的增量持续性系数。若 $\alpha_4 < 0$、$\alpha_5 < 0$，则分别说明相比非重述公司，重述公司的经营性现金流量和经营性应计项目的持续性更低；当这两个系数表现为其他符号时，可依此反推。

应计项目通常有现金流量表法和资产负债表法两类计算方式。由于资产负债表法计算应计项目需要满足干净剩余关系，而且根据我国现行会计准则编制财务报表时存在大量绕过利润表而直接计入资产负债表的收益项目，所以基于我国上市公司数据利用资产负债表法进行应计项目计算时，会存在大量噪音（毛新述，2009）。因而在主检验中，我们采用的均为现金流量表法来计算有关变量，以尽可能地减小变量计算误差；在敏感测试中，使用资产负债表法计算相应代理变量。

综观中外实证研究文献，对经营性应计项目通常使用净利润或营业利润减去经营活动现金流量得到。根据我国现行会计准则，利润表的编制是按照日常活动和非日常活动予以划分的，现金流量表则按经营活动、投资活动和筹资活动进行分类，可见会计盈余与经营活动现金流量的计算口径并不统一，由此直接相减得到的并不是准确的经营性应计项目，故须进行必要调整。经由对我国现金流量表间接编制法的分析得出，不属于经营活动但仍确认于会计盈余中的部分项目（如投资收益、财务费用、部分资产处置损失、递延贷项等）应予以剔除，调整后的会计盈余可以近似等于扣除非经常性损益后的净利润[①]。基于此，最终得到的利用现金流量表法计算经营性应计项目的公式为：经营性应计项目＝扣除非经常性损益后的净利润－经营活动现金流量。

类似地，考虑到我国财务报表编制要求，资产负债表法下的经营性应计项目＝（流动资产变化额－货币资产变化额－交易性金融资产变化额－1年内到期的非流动资产变化额）－（流动负债变化额－短期借款变化额－应付股利变化额－1年内到期的非流动负债变化额）－计提的减值准备－固定资产折旧－无形资产摊销－长期待摊费用摊销。

以上关于应计项目的计算方法也适用于本章中稳健性模型等涉及经营

① 此处现金流量表法的应计项目测算与之后的资产负债表法的应计项目测算原理，详见毛新述（2009）对各类应计项目计算的详细说明。

性应计项目的模型中的有关变量计算。

此外，为降低规模因素和异方差的影响，本章各模型中的变量均使用了总资产进行标准化平减。根据模型的不同以及为方便与类似研究对比，根据不同情况平减标准有时选择的是期初总资产，有时选择的是平均总资产。

5.2.2 盈余稳健性模型设定及变量定义

1. 盈余稳健性的基础模型选择

根据数据来源不同，可以把检验盈余稳健性的基础模型分为两大类：一类是仅基于会计数据的稳健性检验模型；另一类是主要基于市场数据的稳健性检验模型。本研究使用的均为前者。主要原因在于：以市场业绩（股票回报率）作为经济盈余的替代指标是否合理，一直受到中外理论研究的质疑，在我国这一问题表现得更为明显。一方面，我国股票市场发展年数尚少，市场有效性水平有限，受经济政策的影响很大，投机风气较浓，是典型的"政策市"、"消息市"，使得股价并不能如实反映企业的经营状况，股票回报率可能难以捕捉到公司经济盈余的变化（杨德明、林斌和辛清泉，2007）。另一方面，尤其是在股权分置改革完成前，没有市场价格的非流通股的存在，导致了每股会计盈余和每股经济盈余计算口径的不匹配。因为表征会计业绩的每股盈余数据往往是基于全部股份计算，而股票回报率通常是基于流通股计算得来。股权分置改革期间，大量公司的长时间停牌，也使得股价不能及时有效地反映公司的经济盈余。相比仅基于会计数据的模型，综合会计数据和市场数据的模型由于产生的噪音较大，使模型检验的内部效率大为降低（王克敏、廉鹏和向阳，2009）。

未选择卡恩和瓦茨（2009）的 C 评分模型而使用巴苏（1997）的差分模型的原因有二：埃特里奇、黄和张（Ettredge，Huang & Zhang，2011）的研究发现，两种模型的稳健性预测都是有效的，且横截面和时间序列分析结果都显示了两者的高度一致性。更为重要的是，差分模型具有更不容易受存活性偏差影响的天然优点，正如鲍尔和席瓦库马尔（Ball & Shivakumar，2005）所言，存活率在盈余变化的模型中和在盈余水平的模型中表现出的敏感性是不同的。因此差分盈余模型比盈余水平模型存在的统计问题相对更少。此外，为了既充分保有差分模型的优势，又能利用 C

评分模型的优点，本研究在敏感测试中借鉴卡恩和瓦茨（2009）的 C 评分模型加入了企业规模、资产负债率、账市比等控制变量进行附加检验。

2. 巴苏（Basu, 1997）差分盈余模型

（1）检测盈余及时性。

本部分所言之盈余及时性，是指盈余的确认及时性，而不包括盈余的披露及时性。

$$\Delta E_{t+1} = \alpha_0 + \beta_0 \Delta E_t + \varepsilon_t \qquad (F)$$

（ΔE_t 既包括正值也包括负值，即不区分正负）

系数 β_0 的大小和符号反映了及时性程度。系数 β_0 显著小于零，说明 t 期盈余变化倾向于在 t + 1 期得以反转，即具有确认及时性；系数 β_0 的绝对值越大，表明盈余及时性越高。由于未分好消息与坏消息（或说正盈余变化与负盈余变化），因而及时性的高低并不能说明稳健性的强弱。

（2）检测盈余稳健性。

通过比较经济利得确认及时性和经济损失确认及时性的高低（或说是否存在非对称及时性），可以来衡量稳健性的存在及其程度。也就是说，稳健性意味着，盈余反映坏消息的及时性高于反映好消息的及时性。由于在当期盈余中反映了未来损失（这是一种坏消息），因而未来盈余被当期坏消息所保护或说坏消息对未来盈余的影响变小，因而未来盈余中将表现出更接近于不存在此坏消息时的情况。从时序上看，反映在当期盈余中的坏消息给整个盈余时间序列过程带来的是一个暂时性或一次性下降；相反，好消息由于包含着在未来多期不断实现的利得，从而使盈余表现出一种较为平稳的盈余波动，不会像坏消息一样带来大起大落。也就是说坏消息比好消息更容易反转，更可能具有均值回归趋势。布鲁克斯和巴克马斯特（Brooks & Buckmaster, 1976）表明，极端负的盈余水平比极端正的盈余水平显示出更强的均值回归趋势。埃尔格斯和洛（Elgers & Lo, 1994）发现，平均来看，之前年度差业绩公司比好业绩公司的实际盈余和分析师预测盈余都更倾向于被反转。

基于此，巴苏（1997）在其文章中提出了第三个假设：负的盈余变

化较之正的盈余变化，在未来期间更可能反转①。具体检验时使用的模型如下：

$$\Delta E_{t+1} = \alpha_0 + \alpha_1 Neg_t + \beta_0 \Delta E_t + \beta_1 Neg_t \Delta E_t + \varepsilon_t \qquad (G)$$

当 $\Delta E_t < 0$ 时，虚拟变量 $Neg_t = 1$；否则，$Neg_t = 0$。

为便于解释系数的经济学意义，把虚拟变量 Neg_t 的值代入方程（G）中，于是，当盈余变化为正（好消息）时，方程可写作：$\Delta E_{t+1} = \alpha_0 + \beta_0 \Delta E_t + \varepsilon_t$（$\Delta E_t > 0$）（G1）。方程（G1）与方程（G）的区别在于，前者只对正的盈余变化样本进行回归，而后者对正负盈余变化样本都进行回归，没有区分盈余变化的符号。

若 β_0 显著为负，说明正盈余变化具有确认及时性（系数绝对值越大，表明盈余及时性越高）；也就是说，及时地确认了经济利得，因而收益中因存在暂时性增加的部分而更容易反转。若 β_0 等于零，说明正盈余变化不具有及时性；也就是说，没有及时地确认经济利得，而通过递延收入的方式，直至其实现了现金流量的增加后再予以确认，因而不倾向于反转。

当盈余变化为负（坏消息）时，方程可写作：

$$\Delta E_{t+1} = (\alpha_0 + \alpha_1) + (\beta_0 + \beta_1) \times \Delta E_t + \varepsilon_t \qquad (\Delta E_t < 0) \qquad (G2)$$

方程（G2）中的及时性系数为（$\beta_0 + \beta_1$），若其显著小于零，说明负盈余变化具有确认及时性（系数绝对值越大，表明盈余及时性越高）；也就是说，及时地确认了经济损失，由于在当期确认了暂时性的收益下降，因而之后还会反转。若其显著等于 -1，说明负盈余变化具有完全及时性，即 t 期盈余变化会在 t+1 期 100% 反转，但这种情况一般只在理论上存在。

增量系数 β_1 表示的是正盈余变化和负盈余变化的及时性差异。若其显著为负，说明负盈余变化比正盈余变化更具有及时性，也就是说，经济损失比经济利得确认得更为及时，从而可证实稳健性的存在。β_1 为负时的绝对值越大，说明稳健性越强。

根据盈余变化的符号分为正盈余变化和负盈余变化两类样本分别回归后，可以比较两者的拟合优度（调整的 R^2），拟合优度较大的组的及时性更高。

---

① 巴苏（1997）的原文为：Negative earnings changes have a greater tendency to reverse in the following period than positive earnings changes.

（3）加入重述变量后的巴苏（1997）差分盈余拓展模型。

为研究重述前后重述公司与非重述公司的盈余稳健性差异，在巴苏（1997）差分盈余基本模型的基础上，加入了重述与否的虚拟变量进行交互，形成了如下拓展模型：

$$\Delta E_{t+1} = \beta_0 + \beta_1 Neg_t + \beta_2 \Delta E_t + \beta_3 Neg_t \Delta E_t$$
$$+ \beta_4 Restate_t + \beta_5 Restate_t Neg_t + \beta_6 Restate_t \Delta E_t$$
$$+ \beta_7 Restate_t Neg_t \Delta E_t + \varepsilon_t \qquad （H）$$

（当 $\Delta E_t < 0$ 时，虚拟变量 $Neg_t = 1$；否则，$Neg_t = 0$）

其中，需要重点关注的系数及其经济意义如下：系数 β_3 表示非重述公司的正负盈余变化量的及时性差异，若 β_3 显著小于 0，说明非重述公司的负盈余变化（坏消息）比正盈余变化（好消息）更具有及时性，即非重述公司存在盈余稳健性。系数 β_6 反映的是重述公司与非重述公司在好消息确认上的差异，若 $\beta_6 < 0$，则说明重述公司更有可能确认暂时性利得。β_7 表示的是重述公司与非重述公司确认经济损失的及时性的差异，若 $\beta_7 < 0$，表明重述公司更具稳健性；若 $\beta_7 > 0$，表明非重述公司更具稳健性。

3. 鲍尔和席瓦库马尔（Ball & Shivakumar）应计－现金流模型

（1）鲍尔和席瓦库马尔（Ball & Shivakumar）应计－现金流基本模型。

巴苏（1997）差分盈余模型也不可避免地具有潜在局限性。鲍尔和席瓦库马尔（2005）认为，该模型不能将应计项目的随机误差与暂时性利得或损失予以区分，因此其在德肖、科塔里和瓦茨（1998）模型和吉弗里和海因（Givoly & Hayn，2000）根据应计利润的分布来测定盈余稳健性的基础上，加入了经由应计项目的未实现利得和损失确认的替代模型（以下简称"BS（2005）模型"）。德肖、科塔里和瓦茨（1998）模型是根据应计项目有减弱经营活动现金流量噪音的作用来设计的，暗含的是应计项目和经营活动现金流量在同期是负相关的。鲍尔和席瓦库马尔（2005）利用应计的未实现利得和损失确认不对称这一作用进行设定，即是假定应计项目与其同期现金流量是正向但不对称的关系。简言之，在应计—现金流模型中存在不对称性，是因为经济损失更可能被及时地确认为未实现的（非现金的）应计费用，而经济利得更可能在现金流量实现时才被确认。这种不对称意味着现金流量和应计项目的相关性在损失情况下将会更强。鲍尔和席瓦库马尔（2005）的应计—现金流分段线性回归模型具体形式如下：

$$ACC_t = \alpha_0 + \alpha_1 Neg_t + \beta_0 OCF_t + \beta_1 Neg_t OCF_t + v_t \qquad (I)$$

当 $OCF_t < 0$ 时，虚拟变量 $Neg_t = 1$；否则，$NegOCF_t = 0$。

为便于解释系数的经济学意义，把虚拟变量 $NegOCF_t$ 的值代入方程（I）中，于是，当经营活动现金流量为正（好消息）时，方程可写作：

$$ACC_t = \alpha_0 + \beta_0 OCF_t + \varepsilon_t \qquad (OCF_t > 0) \qquad (I1)$$

当经营活动现金流量为负（坏消息）时，方程可写作：

$$ACC_t = (\alpha_0 + \alpha_1) + (\beta_0 + \beta_1) \times OCF_t + \varepsilon_t \qquad (OCF_t < 0) \qquad (I2)$$

与德肖、科塔里和瓦茨（1998）模型一样，鉴于应计项目具有减弱现金流量的负序列相关的作用，鲍尔和席瓦库马尔（2005）也预期正的经营活动现金流量的系数 β_0 显著为负。由于应计损失更可能出现在负现金流量期间，即存在损失确认的非对称性，因此预期负现金流量的增量系数 β_1 为正。

（2）加入重述变量的 BS（2005）应计—现金流拓展模型。

$$\begin{aligned} ACC_t = & \gamma_0 + \gamma_1 Neg_t + \gamma_2 OCF_t + \gamma_3 Neg_t OCF_t \\ & + \gamma_4 Restate_t + \gamma_5 Restate_t Neg_t + \gamma_6 Restate_t OCF_t \\ & + \gamma_7 Restate_t Neg_t OCF_t + v_t \end{aligned} \qquad (J)$$

需要特别关注的系数及其经济意义如下：γ_2 显示的是应计项目在减少现金流量噪音方面的作用；由于已有研究证明应计项目具有降低现金流量噪音的作用（即应计项目与现金流量负相关），因此预期 $\gamma_2 < 0$。γ_3 表示的是在坏消息（现金流量为负）时，非重述公司的应计项目和现金流量的增量相关性。若 $\gamma_3 > 0$，则说明在坏消息时，应计项目和现金流量的负相关性减弱，即经济损失比经济利得更可能被提前确认，此时说明非重述公司存在稳健性。γ_6 反映的是在好消息（现金流量为正）时，重述公司与非重述公司的应计行为差异；若该系数显著为负，则说明重述公司比非重述公司在好消息时使用应计项目减少了更多的现金流量噪音。γ_2 和（$\gamma_2 + \gamma_6$）反映的分别是非重述公司和重述公司在好消息时，应计项目对现金流量抵偿的程度。γ_7 反映的是在坏消息时重述公司稳健性的增量系数，若重述公司确认损失不及时性（即更不稳健），则该系数应为负，这也是本模型最主要的系数。（$\gamma_2 + \gamma_3$）和（$\gamma_2 + \gamma_3 + \gamma_6 + \gamma_7$）分别表示，重述公司在坏消息时，应计项目抵偿现金流量的程度。

5.2.3　应计质量模型设定及变量定义

1. 模型由来及其基本思想

德肖和迪切夫（Dechow & Dichev，2002）的应计质量模型（以下简称"DD 模型"）的基本思想和推导思路如下。

t 期的总现金流量，即在 t 期实现但并非在 t 期确认的现金流量，可用如下公式表示：

$$CF_t = CF_t^{t-1} + CF_t^t + CF_t^{t+1} \tag{K1}$$

其中，CF_t^{t-1}：在 t−1 期盈余中确认，但在 t 期盈余中才实现的现金流量；

CF_{t-1}^t：在 t 期盈余中确认并收付的现金流量；

CF_t^{t+1}：在 t+1 期盈余中确认，但在 t 期盈余中才实现的现金流量。

t 期盈余可用上期、当期和下期实现但在本期确认的现金流量及其调整误差来表示，公式为：

$$E_t = CF_{t-1}^t + CF_t^t + CF_{t+1}^t + \varepsilon_{t+1}^t - \varepsilon_t^{t-1} \tag{K2}$$

其中，CF_{t-1}^t：在 t−1 期收付实现但在 t 期才在盈余中确认的现金流量；

CF_{t+1}^t：在 t+1 期收付实现但在 t 期已在盈余中确认的现金流量；

ε_{t+1}^t：t+1 期实现的 t 期应计项目估计误差；

ε_t^{t-1}：t 期实现的 t−1 期应计项目估计误差。

又由于盈余＝应计项目＋现金流量，综合方程（K1）和（K2），可得到 t 期应计项目公式：

$$
\begin{aligned}
ACC_t = E_t - CF_t &= (CF_{t-1}^t + CF_t^t + CF_{t+1}^t + \varepsilon_{t+1}^t - \varepsilon_t^{t-1}) \\
&\quad - (CF_t^{t-1} + CF_t^t + CF_t^{t+1}) \\
&= (CF_{t-1}^t + CF_{t+1}^t) - (CF_t^{t-1} + CF_t^{t+1}) \\
&\quad + (\varepsilon_{t+1}^t - \varepsilon_t^{t-1})
\end{aligned}
\tag{K3}
$$

由方程（K3）可见，当期应计项目与上期和下期现金流量正相关，但与当期现金流量负相关。误差项捕捉的是应计项目能在多大程度上反映实现的现金流量，故可用来衡量应计项目的质量。该模型即为 DD 模型的理论形式。

然而，现金流量的构成无法区分，因而德肖和迪切夫（2002）使用流动性应计项目（用营运资金变动额表示）、经营活动现金流量构成了如下实证模型：

$$\Delta WC_t = \varphi_0 + \varphi_1 OCF_{t-1} + \varphi_2 OCF_t + \varphi_3 OCF_{t+1} + \varepsilon_t \quad\quad (K4)$$

方程（K4）中的系数 φ_1 和 φ_3 的理论值为1，φ_2 的理论值为 -1。但由于采用经营活动现金流量替代与应计项目相关的全部现金流量，因而这一测量带有一定误差，因此系数实际值的范围应是：$0 < \varphi_1$，$\varphi_3 < 1$；$-1 < \varphi_2 < 0$。该方程中的残差 ε_t 代表与已实现的现金流量无关的应计项目，包括了估计及更正误差的调整。

麦克尼克尔斯（McNichols，2002）对德肖和迪切夫（2002）使用的方法进行探讨发现，DD 模型假定估计误差不存在自相关，且独立于已实现的现金流量，即 DD 模型的主要思想是基于不存在盈余管理的假定之下提出的。但是管理层有操控应计的动机已被普遍证明，如果不考虑操控性应计的影响，则在一定程度上会影响模型的解释力。因此，麦克尼克尔斯（McNichols，2002）借鉴计量操控性应计的 Jones（1991）模型（以下简称"琼斯模型"），提出了修正后的 DD 模型（以下简称"修正 DD 模型"），具体方程如下：

$$\Delta WC_t = \varphi_0 + \varphi_1 OCF_{t-1} + \varphi_2 OCF_t + \varphi_3 OCF_{t+1} + \varphi_4 \Delta Sales_t + \varphi_5 PPE_t + \varepsilon_t$$
$$(K5)$$

将 DD 模型与琼斯模型结合得到的修正 DD 模型，集之前两模型的优点于一身，同时又减少了琼斯模型和 DD 模型的测量误差。使用实证数据对 DD 模型、琼斯模型、修正 DD 模型分别检验后，麦克尼克尔斯（2002）发现，修正 DD 模型的预测能力的确是最强的。

基于此，本研究对应计质量的测度采用的是修正 DD 模型。德肖和迪切夫（2002）中采用的是时间序列数据，因而其使用残差的标准差作为应计项目质量的测度。但是由于中国证券市场存在时间尚短，中国市场数据往往只能采用横截面回归，因而与辛清泉（2004）、毛新述（2009）等大部分研究一致，本研究采用残差的绝对值来表征应计质量。残差的绝对值越大，表明应计质量越差。

2. 主要变量定义及计算方法

（1）营运资本。

$$营运资本 = \frac{扣除非经常性}{损益后的净利润} - \frac{经营活动}{现金流量} + 折旧额 + 摊销额$$

$$= 经营性应计项目 + 折旧额 + 摊销额$$

$$= \frac{经常性}{应计项目} - \frac{资产减}{值准备} + \frac{"固定资产折旧、油气资产折耗、}{生产性生物资产折旧"}$$

$$+ 无形资产摊销 + 长期待摊费用摊销$$

（2）固定资产。

根据琼斯模型的设定，模型中的固定资产（PPE）应使用固定资产原值，但由于在我国财务报表体系下固定资产折旧和固定资产减值准备的数据不可得，故无法计算得到精确的固定资产原值。故采取了两种替代方法。第一种替代变量的计算方法是：固定资产净额 + 资产减值准备 + 固定资产折旧、油气资产折耗、生产性生物资产折旧，这一估计值大于实际值；第二种替代变量的计算方法是：固定资产净额，这一估计值小于实际值。通过单独对琼斯模型的检验发现，利用前者计算出的变量进行回归的系数比后者更符合琼斯模型的结果，因而把第一种替代变量计算方法应用于主检验，把第二种替代变量计算方法用于敏感测试。

与之前研究类似，为了控制规模因素和异方差的影响，所有变量均采用了由 t − 1 年年末和 t 年年末的总资产算得的平均总资产予以标准化平减。

5.3　经验结果与分析

5.3.1　会计重述与盈余持续性

1. 被重述盈余部分的增量持续性检验结果分析

运用 2005 ~ 2009 年[①]发生会计重述的公司样本，分全样本期、准则前期、准则后期[②]分别对方程（C1）和（C2）进行了检验，结果如表 5 − 1 所示。

---

① 由于方程（C1）和（C2）需要用到至少 2 年的会计盈余数据，而 2011 年的财务数据在本研究进行时尚未公布，因而研究期间是 2005 ~ 2009 年。

② 对准则前后期的划分是依据《企业会计准则（2006）》实施年为划分标准，即 2005 ~ 2006 年为准则前期，2007 ~ 2009 年为准则后期。

表5-1　　　　　　　　被重述盈余的增量持续性检验结果

因变量 E_{t+1}	预期系数符号	全样本期		准则前期		准则后期	
E_t^R	正	0.6301 (8.74 ***)		0.6414 (8.05 ***)		0.6243 (6.46 ***)	
E_t	正		0.6236 (8.58 ***)		0.6277 (8.13 ***)		0.6230 (6.45 ***)
$\Delta Restate_t$	正		11.1164 (2.48 **)		9.6211 (1.80 *)		18.9995 (2.03 **)
拟合优度（R^2）		0.3852	0.3891	0.3997	0.4035	0.3771	0.3821
方程整体显著性（F值）		76.63	43.97	64.76	37.32	41.75	24.50
样本量		338	338	139	139	199	199

注：结果栏每格的上半部分显示的是系数值，每格的下半部分显示的是 t 值及系数显著性。

　　方程（C2）的系数 α_2 显著为正，且在 5% 的置信水平上统计显著，这说明被重述的盈余部分具有增量持续性，即证实假设 5-1，重述后的盈余比初始呈报盈余具有更高的盈余持续性。结合重述后当期盈余与下期盈余的回归结果可知，重述后的盈余有 63.01% 持续到下期，比重述前的原始盈余的持续性提高了 0.65%（=0.6301-0.6236）。这一结果也说明了，如实反映的盈余（一定程度上代表着高质量的盈余）具有更高的持续性。

　　准则前后期的分阶段检验，也得出了类似的结论。具体说来，准则实施后期（2007~2009年）的结果显示，方程（C2）的系数 α_2 显著为正，且在 5% 的水平上统计显著，重述后盈余有 62.43% 持续到下期，比重述前的原始盈余的持续性提高了 0.13%（=0.6243-0.6229）。准则实施前期（2005~2006年）的结果显示，方程（C2）的系数 α_2 在 10% 的置信水平上统计显著，重述后盈余有 64.14% 持续到下期，比重述前的原始盈余的持续性提高了 1.37%（=0.6414-0.6277）。相比准则前期，准则后期的盈余持续性差异减少了，即准则后期的盈余持续性差异不如准则前期那么明显。一种可能的解释是，《企业会计准则（2006）》可能对会计重述更有威慑作用，因而公司在重述后更为谨慎行事，为避免更大的处罚，有一点小问题也予以重述。另一种可能的解释是，准则后期公司更倾向于使用真实盈余管理而非单纯的应计项目。此外,盈余重述数额的大小和持续性,并不能完全代表重述性质的严重程度。因为有些重述数额很大,但性质并不严重;而有些性质严重的重述,其数额未必很大。因此,要想给予准则前后期增量盈余持续性的差异进行合理解释,还需进一步的检验。

2. 总体盈余持续性差异检验结果分析

重述前后全样本期和分年各期检验结果如表 5 - 2 所示:在重述前期回归中,全样本期结果显示,表征重述公司与非重述公司总体盈余持续性差异的交互项的系数值为负,但在统计上不显著;重述后期该系数值仍为负,且绝对值比重述前略小,但在统计上仍然不具有显著性。这说明,平均来看,重述公司与非重述公司的总体盈余持续性在重述前后并未呈现出显著差异。分年度结果显示,在可以进行重述前后期比较的 2006 ~ 2008 年的 3 年中,只有 2007 年的结果显示,重述前重述公司的总体盈余持续性显著小于非重述公司,但重述后两者的这一差异消失;其他两年都与全样本期一样,未呈现出重述前后持续性的这种差异。此外,重述前后的结果均显示,总体来看,重述公司比非重述公司的盈余水平更低。

3. 现金流量和应计项目持续性差异检验结果分析

重述公司与非重述公司在重述前后的应计项目和现金流量持续性的检验结果见表 5 - 3。

首先,关注的是现金流量持续性的增量系数 α_4。总体说来,在重述前,现金流量持续性的增量系数 α_4 显著为负(全样本期是在 5% 的置信水平上统计显著,个别年份符号为负但统计不显著),说明相比非重述公司,重述公司在发生会计重述前的现金流量持续性显著更低。由此可初步判断,现金流量持续性高低与上市公司发生重述概率的高低正相关。这一结果在一定程度上为"现金为王"的思想提供了经验佐证,即在其他条件不变的情况下,现金流量持续性越高,公司越不容易发生会计重述。对重述后的回归结果发现,该系数值变为正,但在统计上不显著,这说明平均来看,重述后期重述公司与非重述公司的现金流量持续性不存在统计意义上的差异。

表 5 - 2　会计重述前后期总体盈余持续性检验结果

会计重述前期　因变量 E_{t+1}

自变量	变量	全样本本期	2005年	2006年	2007年	2008年	2009年	2010年
负	Restate	-0.0203 (-4.82***)		-0.0208 (-2.56**)	-0.0329 (-2.66***)	-0.0171 (-1.24)	-0.0052 (-0.65)	-0.0239 (-2.54**)
正	E_t	0.6387 (28.56***)		0.6869 (12.47***)	0.6191 (11.07***)	0.7091 (14.76***)	0.6601 (10.42***)	0.5736 (10.83***)
?	Restatet × E_t	-0.0954 (-1.20)		0.0424 (0.29)	-0.3883 (-3.14***)	0.1631 (1.63)	0.1053 (0.78)	-0.2863 (-1.89*)
	拟合优度 (R^2)	0.4002		0.4190	0.4382	0.4744	0.3951	0.3586
	方程整体显著性 (F值)	372.05		70.03	55.22	128.55	49.99	47.83
	样本量	5861		1116	1176	1169	1194	1206

会计重述后期　因变量 E_{t+1}

自变量	变量	全样本本期	2005年	2006年	2007年	2008年	2009年	2010年
负	Restate	-0.0188 (-3.49***)	-0.0028 (-1.89*)	-0.0022 (-0.24)	-0.0307 (-2.66***)	-0.0219 (-2.57***)		
正	E_t	0.6271 (28.08***)	0.7148 (15.52***)	0.6754 (10.39***)	0.5665 (12.46***)	0.5890 (14.84***)		
?	Restatet × E_t	-0.0011 (-0.01)	0.4509 (1.98**)	-0.0672 (-0.35)	-0.0996 (-0.48)	0.1142 (0.87)		
	拟合优度 (R^2)	0.4168	0.4797	0.3965	0.3594	0.5201		
	方程整体显著性 (F值)	311.29	90.07	41.16	59.43	84.07		
	样本量	4730	1173	1174	1187	1196		

表5-3 会计重述前后期应计项目和现金流量盈余持续性检验结果

因变量 E_{t+1}			全样本期	2006年	2007年	2008年	2009年	2010年
会计重述前期	自变量	OCF 正	0.6752 (29.52***)	0.7684 (14.57***)	0.6558 (13.04***)	0.7392 (16.84***)	0.6535 (9.67***)	0.6002 (12.90***)
		ACC 正	0.5539 (21.90***)	0.6005 (11.24***)	0.5797 (9.68***)	0.5965 (13.10***)	0.5355 (7.44***)	0.5148 (9.78***)
		R 负	-0.0157 (-3.29***)	-0.0174 (-2.01**)	-0.0445 (-3.09***)	-0.0120 (-0.83)	-0.0008 (-0.09)	-0.0162 (-1.80*)
		R×OCF 负	-0.1889 (-2.06**)	-0.2085 (-1.40)	-0.3276 (-2.18**)	0.0885 (0.80)	0.0964 (0.66)	-0.3175 (-2.15**)
		R×ACC 负	-0.0775 (-0.97)	-0.0866 (-0.73)	-0.4248 (-3.32***)	0.1926 (2.27**)	0.2362 (1.71*)	-0.1667 (-1.26)
		检验OCF和ACC的系数是否相等	0.1213 (9.59***)	0.1679 (5.65***)	0.0761 (2.74***)	0.1427 (4.85***)	0.1180 (5.51***)	0.0854 (3.13***)
		重述公司的OCF系数	0.4863	0.5599	0.3282	0.8277	0.7499	0.2827
		重述公司的ACC系数	0.4764	0.5139	0.1549	0.7891	0.7717	0.3481
		拟合优度（R^2）	0.3962	0.4319	0.4464	0.4662	0.3617	0.3600
		方程整体显著性（F值）	229.78	54.85	46.70	102.97	34.58	39.16
		样本量	5961	1116	1176	1169	1194	1206

续表

	因变量 E_{t+1}		全样本期	2005 年	2006 年	2007 年	2008 年
自变量	OCF	正	0.6322 (28.68***)	0.7454 (17.61***)	0.6473 (9.22***)	0.5834 (14.92***)	0.5820 (13.51***)
	ACC	正	0.5437 (21.88***)	0.6044 (13.77***)	0.5662 (7.26***)	0.5244 (11.54***)	0.5098 (10.71***)
	R	负	-0.0259 (-3.56***)	-0.0288 (-1.82*)	-0.0092 (-0.92)	-0.0399 (-2.64***)	-0.0193 (-1.39)
	R×OCF	?	0.1033 (0.64)	0.5124 (2.27**)	0.0813 (0.41)	-0.0017 (-0.01)	0.2302 (1.01)
	R×ACC	?	0.0411 (0.32)	0.4833 (2.12**)	0.0026 (0.01)	-0.1362 (-0.67)	0.3245 (1.75*)
会计重述后期	检验 OCF 和 ACC 的系数是否相等		0.0886 (7.38***)	0.1410 (4.76***)	0.0811 (3.84***)	0.0590 (2.84***)	0.0723 (3.03***)
	重述公司的 OCF 系数		0.7355	1.2578	0.7286	0.5817	0.8122
	重述公司的 ACC 系数		0.5848	1.0877	0.5688	0.3882	0.8343
	拟合优度（R²）		0.4029	0.4739	0.3656	0.3666	0.4892
	方程整体显著性（F 值）		198.12	68.66	28.61	52.83	45.07
	样本量		4730	1173	1174	1187	1196

其次，关注的是应计项目持续性的增量系数 α_5。全样本期回归的结果显示，α_5 的系数值为负，但在统计上不显著。分年回归结果表现不一，2007 年该系数在 1% 的置信水平上显著为负，说明对于 2007 年进行重述的公司来说，重述前重述公司的应计项目持续性低于非重述公司；2008 年和 2009 年该系数分别在 5%、10% 的水平上显著为正，说明对于在 2008 年和 2009 年进行重述的公司来说，重述前重述公司的应计项目持续性高于非重述公司。各年度两类公司应计项目持续性差异符号的不同，可能导致了全样本期内 α_5 系数的整体不显著。重述后的回归显示，该系数值变为大于 0，但在统计上不显著，这说明平均来看，重述后两类公司的应计项目持续性不存在显著差异。分年回归结果显示，该系数只在 2005 年和 2008 年分别在 5% 和 10% 的置信水平上显著为正，这说明在这两年中，重述后重述公司的应计项目持续性均高于同期非重述公司。由此可见，大致说来，重述前期两类公司的应计项目持续性差异在重述后得以减弱甚至消失。

此外，各自变量对因变量的相对影响结果显示，无论是全样本期还是分年各期回归，无论是在重述前还是重述后，回归方程中的 α_1 均大于 α_2，且在 1% 的置信水平上统计显著。这与已有文献中已多次证实的现金流量的持续性高于应计项目的观点一致。平均来看，在重述前期非重述公司的现金流量持续性比应计项目持续性高出 12.13%；而在重述后期高出比例减小为 8.86%。总体来看，系数 α_3 在各回归中基本都表现为显著为负，说明在其他条件不变的情况下，相比非重述公司，重述公司在重述前期和后期的盈余水平都相对更低。

5.3.2 会计重述与盈余稳健性

1. 加入重述变量后的巴苏（1997）差分盈余拓展模型检验结果分析

在巴苏（1997）差分盈余模型基础上加入重述虚拟变量后的拓展模型中，β_3 显示的是非重述公司的正盈余变化和负盈余变化及时性的差异；β_6 显示的是重述公司和非重述公司在确认好消息（正盈余变化/暂时性经济利得）时的差异；β_7 反映的是重述公司和非重述公司在确认坏消息（负盈余变化/暂时性经济损失）时的差异。表 5 - 4 为加入会计重述变量

表 5 - 4　　加入会计重述变量后的巴苏（1997）差分盈余拓展模型检验结果

因变量 ΔE_{t+1}		系数	全样本期	2006 年	2007 年	2008 年	2009 年	2010 年
会计重述前期	自变量	β_1	Neg_t	−0.0057 （−3.81***）	−0.0108 （−3.47***）	−0.0066 （−2.06**）	−0.0007 （−0.19）	−0.0099 （−2.50**）	−0.0064 （−2.26**）
		β_2	ΔE_t	−0.0588 （−1.84*）	0.1250 （2.02**）	−0.0641 （−0.83）	−0.0472 （−0.68）	−0.2947 （−3.32***）	−0.0388 （−0.71）
		β_3	$Neg_t \times \Delta E_t$	−0.4844 （−10.58***）	−0.6694 （−8.04***）	−0.5589 （−4.66***）	−0.3949 （−3.73***）	−0.3021 （−2.71***）	−0.4836 （−6.38***）
		β_4	$Restate_t$	0.0107 （1.35）	0.0145 （1.12）	0.0023 （0.19）	0.0248 （0.79）	0.0044 （0.25）	0.0060 （0.51）
		β_5	$Restate_t \times Neg_t$	−0.0086 （−0.88）	−0.0211 （−1.21）	−0.0113 （−0.66）	−0.0094 （−0.25）	0.0143 （0.63）	−0.0017 （−0.11）
		β_6	$Restate_t \times \Delta E_t$	−0.1353 （−1.08）	0.0704 （0.36）	−0.0513 （−0.29）	−0.1596 （−0.26）	−0.2873 （−0.91）	−0.2868 （−1.56）
		β_7	$Restate_t \times Neg_t \times \Delta E_t$	0.1376 （0.75）	−0.0381 （−0.12）	0.0076 （0.02）	0.1372 （0.18）	0.7556 （1.71*）	0.1511 （0.49）
拟合优度（R^2）				0.1476	0.1998	0.1314	0.0840	0.1893	0.2161
方程整体显著性（F 值）				60.50	12.87	8.24	4.93	14.07	15.13
样本量				5861	1116	1176	1169	1194	1206
多重共线性检验（VIF）				3.44	4.02	2.77	3.49	4.02	4.53

续表

	因变量 ΔE_{t+1}	系数	全样本期	2005 年	2006 年	2007 年	2008 年
会 计 重 述 后 期	Neg_t	β_1	-0.0057 (-3.41***)	-0.0088 (-2.84***)	-0.0049 (-1.26)	-0.0079 (-2.05**)	-0.0066 (-2.34**)
	ΔE_t	β_2	-0.0867 (-2.44**)	-0.0314 (-0.43)	-0.1216 (-1.69*)	-0.2426 (-2.84***)	-0.0435 (-0.89)
	Neg_t × ΔE_t	β_3	-0.4872 (-9.47***)	-0.6263 (-5.72***)	-0.3717 (-3.34***)	-0.3841 (-3.72***)	-0.5054 (-6.76***)
	Restate_t	β_4	-0.0018 (-0.24)	-0.0084 (-0.66)	-0.0253 (-2.09**)	0.0296 (1.88*)	0.0025 (0.18)
	Restate_t × Neg_t	β_5	0.0120 (1.06)	0.0351 (1.83*)	0.0525 (2.79***)	-0.0339 (-1.36)	-0.0136 (-0.85)
	Restate_t × ΔE_t	β_6	-0.2158 (-1.61)	-0.4263 (-1.99**)	0.7377 (3.35***)	-0.6411 (-3.19***)	-0.4975 (-2.82***)
	Restate_t × Neg_t × ΔE_t	β_7	0.5754 (2.91***)	0.9425 (2.93***)	-0.1924 (-0.68)	0.9320 (2.40**)	0.3655 (1.15)
	拟合优度 (R²)		0.1464	0.1524	0.1000	0.1976	0.2283
	方程整体显著性 (F 值)		58.50	10.26	6.45	20.56	15.76
	样本量		4730	1173	1174	1187	1196
	多重共线性检验 (VIF)		2.87	2.38	2.67	3.90	2.64

后的巴苏（1997）差分盈余拓展模型检验结果。

会计重述前期的检验结果显示，无论是全样本期还是分年各期回归中，β_3 都在 1% 的水平上显著为负，说明非重述公司的负盈余变化比正盈余变化更具有及时性，即非重述公司存在稳健性。在各回归中 β_6 几乎都为负，但在统计上不显著，这说明在重述前，重述公司与非重述公司在确认好消息时不存在显著差异。β_7 在各回归中几乎都为正，但只在 2009 年具有统计显著性（在 10% 的置信水平下显著），这说明重述前期，重述公司与非重述公司在损失确认及时性上也不存在显著差异。综上可得出结论，在重述前期，两类公司虽然都表现出一定的稳健性，但两者的稳健性水平不存在实质性差异。

会计重述后期的检验结果显示，β_3 在各期回归中均在 1% 的水平上显著为负，说明非重述公司的负盈余变化比正盈余变化更具有及时性，即非重述公司存在稳健性。分年各期回归中系数 β_6 都是显著的，但在不同年份其符号不同，其中 2005 年、2007 年、2008 年分别在 5%、1% 和 1% 的水平上显著为负，但 2006 年在 1% 的水平上显著正。这些结果正负不同的年份之间的相互抵消，造成了在全样本期回归中系数 β_6 的不显著。β_7 在全样本期 1% 的置信水平上显著为正，这说明总体来看，重述后期，非重述公司比重述公司更及时地确认了坏消息，表现得更为稳健。

可见，巴苏（1997）拓展模型结果显示，重述公司和非重述公司在重述前后期均表现出一定的稳健性；在重述前期两类公司稳健性水平无明显差别，但在重述后期，重述公司的稳健性要明显低于非重述公司。

2. 加入重述变量的 BS（2005）应计－现金流拓展模型检验结果分析

对在 BS（2005）应计—现金流模型基础上加入重述虚拟变量后的拓展模型，分别对重述前期和重述后期进行了全样本期和分年各期的检验。表 5-5 为加入会计重述变量的 BS（2005）应计—现金流拓展模型检验结果。

重述前期的结果显示，在各期回归中，γ_2 的系数均在 1% 的置信水平上统计显著为负，这与预测一致，说明应计项目具有减少现金流量噪音的作用。全样本期回归中 γ_2 的系数 -0.6795，这意味着总体来说，非重述公司在好消息（正现金流量）时，应计项目抵偿了平均 67.95% 的现金流

表 5－5　加入会计重述变量的 BS（2005）应计—现金流拓展模型检验结果

因变量 ACC			全期	2005 年	2006 年	2007 年	2008 年	2009 年	2010 年
	Neg_t	γ_1	-0.0170 (-3.94***)	-0.0066 (-0.56)	-0.0264 (-2.13**)	-0.0300 (-2.50**)	-0.0175 (-2.06**)	-0.0056 (-0.57)	-0.0152 (-1.70*)
	OCF_t	γ_2	-0.6795 (-29.95***)	-0.7786 (-15.14***)	-0.5916 (-14.03***)	-0.6830 (-14.35***)	-0.7676 (-16.64***)	-0.5119 (-10.35***)	-0.7110 (-18.89***)
	$Neg_t \times OCF_t$	γ_3	-0.3192 (-5.72***)	0.1400 (0.69)	-0.4131 (-2.71***)	-0.6352 (-6.11***)	-0.2840 (-3.80***)	-0.6206 (-7.93***)	-0.1458 (-1.01)
自变量	$Restate_t$	γ_4	-0.0327 (-3.22***)	-0.0463 (-2.58**)	-0.0269 (-1.71*)	-0.0308 (-1.80*)	-0.0982 (-2.12**)	-0.0170 (-0.61)	-0.0197 (-1.34)
会计重述前期	$Restate_t \times Neg_t$	γ_5	-0.0004 (-0.02)	0.0029 (0.08)	-0.0051 (-0.01)	0.0099 (0.29)	0.0412 (0.53)	0.0231 (0.65)	0.0422 (1.20)
	$Restate_t \times OCF_t$	γ_6	-0.0340 (-0.32)	0.2716 (1.67*)	-0.1520 (-0.91)	-0.3020 (-1.72*)	1.0437 (1.83*)	-0.0205 (-0.06)	-0.1709 (-1.13)
	$Restate_t \times Neg_t \times OCF_t$	γ_7	-0.1920 (0.69)	-0.5545 (-1.72*)	1.7730 (1.90*)	0.5664 (1.64)	-0.4501 (-0.44)	0.1919 (0.49)	0.5945 (1.42)
拟合优度（R^2）			0.4360	0.4527	0.3417	0.4496	0.4867	0.4529	0.4735
方程整体显著性			290.34	76.54	55.56	195.55	147.92	204.41	89.71
样本量			7075	1117	1174	1176	1184	1215	1209
多重共线性检验			2.74	3.13	2.68	2.55	4.10	3.13	2.62

续表

因变量 ACC		全期	2005 年	2006 年	2007 年	2008 年	2009 年
自变量	Neg_t (γ_1)	-0.0121 (-3.01***)	-0.0320 (-2.75***)	-0.0137 (-1.31)	0.0001 (0.01)	-0.0114 (-1.28)	-0.0060 (-0.88)
	OCF_t (γ_2)	-0.6678 (-25.75***)	-0.6958 (-14.01***)	-0.7223 (-14.75***)	-0.5005 (-10.61***)	-0.7082 (-19.15***)	-0.6801 (-13.00***)
	$Neg_t \times OCF_t$ (γ_3)	-0.3753 (-8.21***)	-0.6023 (-6.01***)	-0.2591 (1.90*)	-0.6191 (-8.04***)	-0.0929 (-0.63)	-0.3483 (-4.58***)
会计重述后期	$Restate_t$ (γ_4)	-0.0104 (-0.98)	-0.0354 (-2.55**)	-0.0236 (-1.04)	-0.0202 (-0.64)	-0.0003 (-0.01)	0.0102 (0.70)
	$Restate_t \times Neg_t$ (γ_5)	-0.0025 (-0.13)	0.0590 (1.60)	0.0125 (0.32)	-0.0138 (-0.32)	-0.0386 (-0.84)	0.0095 (0.46)
	$Restate_t \times OCF_t$ (γ_6)	-0.1743 (-1.48)	0.1184 (0.87)	-0.2305 (-1.19)	-0.2360 (-0.66)	-0.1882 (-0.88)	-0.2271 (-1.09)
	$Restate_t \times Neg_t \times OCF_t$ (γ_7)	0.2507 (1.36)	0.4383 (0.82)	0.4510 (1.12)	0.3787 (0.89)	-0.3205 (-1.08)	0.4366 (1.73*)
拟合优度 (R^2)		0.4801	0.4370	0.4617	0.4426	0.4695	0.6128
方程整体显著性		326.61	156.65	78.86	201.83	108.89	228.44
样本量		5948	1173	1174	1187	1196	1218
多重共线性检验		2.74	2.47	2.83	3.29	2.44	3.07

量。在全样本期和 2006 ~ 2009 年中，系数 γ_3 在 1% 的置信水平上显著为负，这说明非重述公司在坏消息（负现金流量）时，应计项目和现金流量的负相关不但没有被减弱，反而增强了，这意味着经济利得比经济损失更可能被提前确认，也就是说在重述前期，该模型未检测出非重述公司具有稳健性。在全样本期中，γ_3 为 - 0.3192，$(\gamma_2 + \gamma_3) = 0.9987$，这意味着平均而言，在坏消息（经营现金流量为负）时，非重述公司的应计项目抵偿了 99.87% 的现金流量。应计项目极大地减少了对经济损失的确认，即不存在盈余稳健性。系数 γ_6 在全样本期为负，但不显著，这与在各分年回归中表现出来的正负符号不一有关：在 2007 年回归中该系数在 10% 的水平上显著为负；2005 年和 2008 年的该系数在 10% 置信水平下显著为正；其他年份均为负，但不显著。系数 γ_7 反映的是在坏消息时重述公司的应计和现金流量关系的增量系数。若其值显著为负，说明相比非重述公司，重述公司的确认损失更不及时，即重述公司更不稳健。全样本结果显示，该系数为负，但在统计上不显著。分年结果则有正有负，但只有 2005 年和 2006 年该系数是显著的，两者的显著性水平都为 10%，但两者方向相反。这说明总体看来，两类公司在好消息或坏消息时，对经济损失和经济利得的确认及时性差异都不具有规律性。

重述后期的结果显示，与重述前期一致，γ_2 的系数均在 1% 的水平上显著为负；全样本期结果显示该系数值为 - 0.6678，这意味着总体来说，非重述公司在好消息（正现金流量）时，应计项目抵偿了平均 66.78% 的现金流量，比重述前期略有降低。在全样本期和分年各期中（除 2008 年不显著外），系数 γ_3 均在统计上显著为负（除 2006 年显著性水平为 10% 以外，其他均为 1%），这说明与重述前期类似，重述后期仍未检验出非重述公司具有稳健性。若系数 γ_6 显著为负，说明重述公司比非重述公司在好消息时使用应计项目减少了更多的现金流量噪音。该系数值在重述后期虽比重述前期更为一致的表现为小于 0，但并不具有统计显著性。系数 γ_7 在重述后亦未表现出统计显著性。

综合重述前后 BS（2005）拓展模型的结果可知，从总体来看（全样本期结果），重述公司与非重述公司在重述前后都不具有盈余稳健性，即经济损失确认的及时性都低于经济利得确认的及时性，且从总体上看两类公司在重述前后期的稳健性差异的存在性没有被统计证实。从分年结果来看，在 2005 年和 2006 年，重述前两类公司的稳健性程度差异，在重述后均消失。由于应计项目和现金流量的正相关和负相关作用同时存在，且模型生成机理的差异，因而利用该模型在检验稳健性时，结果往往不如巴苏（1997）等稳健性模型结果明显甚至存在不一致性。

结合巴苏（1997）和 BS（2005）的拓展模型检验结果综合来看，会计重述发生后，相对于非重述公司，重述公司的稳健性总体来说存在减弱的趋势，这与盈余持续性的检验结果是相吻合的。一种解释是，盈余持续性比盈余稳健性更易被市场参与者观察到，因而重述公司由于急迫地想通过市场参与者可觉察到的业绩改进来重建其组织正当性，故可能会通过丧失盈余稳健性来获得盈余持续性。另一种解释是，中国上市公司的稳健性可能主要来自盈余管理，而重述后由于监管、市场等压力，使这种盈余管理程度被削弱，从而导致稳健性变弱而持续性变高。也正因为有这两种不同的解释，故有必要再通过对应计质量的检验，进一步说明重述公司在会计重述前后盈余质量的变化。

5.3.3　会计重述与应计质量

对修正 DD 模型进行分年分行业的横截面回归得到参数的估计系数后，最终得到的检验结果按照模糊配对、精确配对进行横向与纵向比较列示在表 5 - 6、表 5 - 7 和表 5 - 8 中。模糊配对的检验结果显示，在重述前期重述公司比非重述公司的应计质量低，在重述后两类公司的这一差距非但没有减少，反而进一步扩大。横向时间序列比较也发现，非重述公司在重述前后的应计质量变化不大；但重述公司在重述后比在重述前的应计质量显著下降。精确配对的检验结果显示，在重述前期，两类公司的应计质量没有显著差异（单纯从数值上看重述公司残差略大）；但重述后期，重述公司的残差绝对值显著大于非重述公司。综合两类样本结果可知，相比非重述公司，重述公司在会计重述后的应计质量下降，这可能在很大程度上说明公司在重述后使用应计项目进行操控以平滑利润，从而导致其盈余持续性得到一定改进，但盈余稳健性进一步降低。

表 5 - 6　　　　重述公司与非重述公司的应计质量比较（模糊配对）

模糊配对		均值				中值			
		非重述	重述	差异绝对数	差异显著性	非重述	重述	差异绝对数	差异显著性
会计重述前期	全样本期	0.0317	0.0462	- 0.0145	- 4.2459 *** (0.0000)	0.0198	0.0290	- 0.0092	- 4.8040 *** (0.0000)
	2006 年	0.0293	0.0352	- 0.0058	- 1.4651 * (0.0731)	0.0191	0.0230	- 0.0039	- 1.975 ** (0.0483)
会计重述前期	2007 年	0.0294	0.0631	- 0.0337	- 2.9540 *** (0.0022)	0.0177	0.0401	- 0.0223	- 3.231 *** (0.0012)
	2008 年	0.0322	0.0428	- 0.0107	- 1.0186 (0.1568)	0.0191	0.0205	- 0.0015	- 0.2740 (0.7839)
	2009 年	0.0349	0.0390	- 0.0041	- 0.6614 (0.2551)	0.0217	0.0276	- 0.0060	- 0.481 (0.6305)
	2010 年	0.0323	0.0524	- 0.0201	3.1265 *** (0.0000)	0.0209	0.0360	- 0.0151	- 4.310 *** (0.0000)
会计重述后期	全样本期	0.0314	0.0542	- 0.0228	- 4.2077 *** (0.0000)	0.0196	0.0280	- 0.0084	- 4.966 *** (0.0000)
	2005 年	0.0306	0.0402	- 0.0097	- 1.6012 ** (0.0548)	0.0177	0.0264	- 0.0087	- 2.314 ** (0.0206)
	2006 年	0.0313	0.0538	- 0.0225	- 2.4301 *** (0.0087)	0.0190	0.0268	- 0.0078	- 2.678 *** (0.0074)
	2007 年	0.0312	0.0633	- 0.0321	- 2.8046 *** (0.0033)	0.0206	0.0346	- 0.0140	- 3.637 *** (0.0003)
	2008 年	0.0324	0.0598	- 0.0274	- 1.5962 * (0.0587)	0.0218	0.0268	- 0.0050	- 1.227 (0.2197)

注：用 DD 模型估计的残差的绝对值大小代表应计质量的高低。残差绝对值越大，应计质量越低。

表 5 - 7　　　　重述公司与非重述公司的应计质量比较（精确配对）

精确配对		均值				中值			
		非重述	重述	差异绝对数	差异显著性	非重述	重述	差异绝对数	差异显著性
会计重述前期	全样本期	0.0391	0.0457	- 0.0066	- 1.5020 * (0.0668)	0.0229	0.0289	- 0.0059	- 1.2360 (0.2165)
	2006	0.0292	0.0352	- 0.0059	- 1.1310 (0.1300)	0.0219	0.0230	- 0.0011	- 1.1480 (0.2510)
会计重述前期	2007	0.0369	0.0631	- 0.0262	- 1.9283 ** (0.0282)	0.0199	0.0401	- 0.0201	- 1.7860 * (0.0741)
	2008	0.0528	0.0421	0.0107	0.6935 (0.2449)	0.0251	0.0201	0.0049	1.2770 (0.2016)
	2009	0.0415	0.0385	0.0030	0.3405 (0.3670)	0.0225	0.0271	- 0.0046	0.5040 (0.6140)
	2010	0.0400	0.0512	- 0.0113	- 1.4770 * (0.0710)	0.0281	0.0360	- 0.0079	- 1.3760 (0.1688)
会计重述后期	全样本期	0.0368	0.0532	- 0.0164	- 2.6047 *** (0.0048)	0.0215	0.0272	- 0.0057	- 2.5810 *** (0.0099)
	2005	0.0450	0.0401	0.0050	0.4371 (0.6684)	0.0161	0.0264	- 0.0103	- 1.4310 (0.1524)
	2006	0.0324	0.0535	- 0.0211	- 2.0520 ** (0.0212)	0.0214	0.0266	- 0.0053	- 1.3800 (0.1677)
	2007	0.0364	0.0623	- 0.0260	- 2.0397 ** (0.0221)	0.0232	0.0338	- 0.0106	- 1.7440 * (0.0811)
	2008	0.0347	0.0568	- 0.0221	- 1.2697 (0.1044)	0.0230	0.0243	- 0.0013	- 0.5200 (0.6034)

注：用 DD 模型估计的残差的绝对值大小代表应计质量的高低。残差绝对值越大，应计质量越低。

表 5-8　　　　　　重述与非重述公司的应计质量分年度比较

研究期间		全样本期	2006 年	2007 年	2008 年
所有公司	重述前	0.0312	0.0296	0.0312	0.0326
	重述后	0.0327	0.0325	0.0325	0.0332
	差异	-0.0015	-0.0028	-0.0013	-0.0005
	显著性	-1.6719** (0.0473)	-1.7926** (0.0367)	-0.8802 (0.1895)	-0.3124 (0.3774)
模糊配对					
重述公司	重述前	0.0467	0.0353	0.0631	0.0428
	重述后	0.0584	0.0538	0.0629	0.0598
	差异	-0.0117	-0.0186	0.0002	-0.0170
	显著性	-1.8338** (0.0342)	-2.2634** (0.0133)	0.0214 (0.4915)	-1.0848 (0.1419)
非重述公司	重述前	0.0303	0.0292	0.0293	0.0322
	重述后	0.0314	0.0309	0.0308	0.0323
	差异	-0.0011	-0.0017	-0.0015	-0.0001
	显著性	-1.1789 (0.1193)	-1.0623 (0.1442)	-1.0032 (0.1580)	-0.0552 (0.4780)
精确配对					
重述公司	重述前	0.0465	0.0353	0.0631	0.0421
	重述后	0.0582	0.0538	0.0629	0.0590
	差异	-0.0117	-0.0186	0.0002	-0.0169
	显著性	-1.8444** (0.0334)	-2.2634** (0.0133)	0.0214 (0.4915)	-1.1024 (0.1380)
非重述公司	重述前	0.0379	0.0292	0.0369	0.0528
	重述后	0.0345	0.0328	0.0364	0.0344
	差异	0.0035	-0.0036	0.0006	0.0184
	显著性	0.6403 (0.2614)	-0.5402 (0.2954)	0.0578 (0.4771)	1.3974 (0.0847)

注：用 DD 模型估计的残差的绝对值大小代表应计质量的高低。

5.3.4 拓展检验及敏感测试

1. 加入规模、资产负债率等控制变量后的拓展检验

拉丰和瓦茨（LaFond & Watts，2008）认为，公司规模变量表征了政治成本、在多分部和项目中的回报和盈余聚集，以及信息不对称。拉丰和罗伊乔杜里（LaFond & Roychowdhury，2008）认为财务杠杆变量，代表了债权人对稳健性的要求。因此在盈余稳健性模型（H）中又加入了规模、资产负债率形成进一步的拓展模型（H′）进行检验。具体模型为：

$$\begin{aligned}
\Delta E_{t+1} = {} & \beta_0 + \beta_1 Neg_t + \beta_2 \Delta E_t + \beta_3 Neg_t \Delta E_t + \beta_4 R \\
& + \beta_5 RNeg_t + \beta_6 R\Delta E_t + \beta_7 RNeg_t \Delta E_t \\
& + \beta_8 SIZE + \beta_9 SIZENeg_t + \beta_{10} SIZE\Delta E_t \\
& + \beta_{11} SIZENeg_t \Delta E_t + \beta_{12} LEV + \beta_{13} LEVNeg_t \\
& + \beta_{14}^* LEV\Delta E_t + \beta_{15} LEVNeg_t \Delta E_t + \varepsilon_t \quad\quad (\text{H}')
\end{aligned}$$

（当 $\Delta E_t < 0$ 时，虚拟变量 $Neg_t = 1$；否则，$Neg_t = 0$）

结果显示，规模越小、负债越多的企业，盈余越稳健。这与德拉瓦尔、黄、库拉纳和佩雷拉（Dhalival，Huang，Khurana & Pereira，2008）、饶品贵和姜国华（2011）等的研究结果一致。

2. 使用差分现金流量模型替代现金流量模型

德肖（Dechow，1994）、鲍尔和席瓦库马尔（2005）等的研究均认为，应计项目不仅与现金流量水平相关，而且与现金流量水平也具有显著的关联性。鉴于此，借鉴鲍尔和席瓦库马尔（2005）使用敏感性测试检验，使用现金流量变化替代现金流量水平，对方程（K5）进行了重新设定。具体模型如下：

$$\begin{aligned}
\Delta WC_t = {} & \varphi_0 + \varphi_1 \Delta OCF_{t-1} + \varphi_2 \Delta OCF_t + \varphi_3 \Delta OCF_{t+1} \\
& + \varphi_4 \Delta Sales_t + \varphi_5 PPE_t + \varepsilon_t \quad\quad (\text{K5}')
\end{aligned}$$

其中，ΔOCF_{t-1} 表示的是 $t-1$ 期至 t 期的经营活动现金流量的变化值，用 $t-1$ 期末的总资产予以标准化平减。检验结果显示，基于现金流量变化的应计质量模型结果，并没有发生实质性改变。

3. 仅使用盈余为正样本的检验

由于有研究表明（Schipper & Vincent, 2003; 毛新述, 2009），盈余持续性会因盈余正负不同表现出较大的差异，盈余稳健性高低与盈余为正时的盈余持续性高低更可能呈现方向相符，而与盈余为负的盈余持续性高低更可能方向相悖。因而我们剔除盈余为负的样本，只取 t 年和 t + 1 年盈余都大于等于 0 的样本单独对盈余持续性模型进行检验。表征盈余持续性差异的系数在模糊配对样本检验中显著为负（精确配对样本检验中该系数值虽为负但在统计上不显著）。这可以在总体上说明，重述后期盈余为正的重述公司的盈余持续性低于同期非重述公司。这与之前主检验中盈余稳健性的结果是一致的，因而更有力地佐证了本章研究结论的可靠性。

4. 其他拓展检验或敏感测试

本研究还检验了发生高管变更的重述公司在重述前后的盈余质量差异，以及不同发起方的重述公司在重述前后的盈余质量差异情况。结果显示，发生高管变更的重述公司的盈余持续性与其他非高管变更的重述公司的差异不大，但重述后盈余稳健性降低的幅度略小，应计质量也相对略高。发起方为监管当局的重述公司，其盈余持续性相对更高，盈余稳健性与非监管当局的重述公司的差异不大，应计质量相对更高。此外，区分精确配对与模糊配对样本的敏感测试结果均在主检验后给出，因而未在此列示。

5.4 本章小结

本章主要研究了相对非重述公司而言，重述公司在会计重述前后的盈余质量差异，由此评价会计重述制度的效果。

从三个递进的盈余持续性模型检验结果来看，重述前重述公司的盈余持续性不如非重述公司，但重述后两类公司盈余持续性的这种差异减弱甚至消失。这说明，相比非重述公司，重述公司在会计重述后的盈余持续性得到改善。由于盈余持续性既可能是真实的良好业绩造成，也可能是平滑业绩的盈余管理造成，因而本研究又进一步检验了盈余稳健性和应计质量。结合巴苏（1997）和 BS（2005）的拓展模型结果综合来看，会计重述发生后，相对于非重述公司，重述公司的稳健性总体来说存在减弱的趋势。使用修正 DD 模型的分年分行业横截面回归得到的结果显示，相比非重述公司，重述公司在会计重述后的应计质量下降，这可能在很大程度上说明公司在重述后使用应计项目进行操控以平滑利润，从而导致其盈余持续性得到一定改进，但盈余稳健性进一步降低。这说明与会计重述相关的会计标准只起到了表面督促的作用，而未使重述公司的盈余质量得到实质性改进。

本章丰富了会计重述与盈余质量关系的研究，将这一领域研究由重述前期拓展到重述后期，并从盈余持续性、盈余稳健性、应计质量三个相互关联但各有侧重的盈余质量视角，对会计重述前后重述公司与非重述公司进行了对比检验，并得出了有益结论。

第 6 章

会计重述对同类公司的信息
传递效应分析

在第 3 章第 3 节中对公司信息传递中的传染效应和竞争效应进行了理论分析，并基于行为金融学理论对会计重述的信息传递效应的产生和作用机理予以了阐释。本章在其基础上，主要从估值层面和投资层面进行实证检验，来考察中国情境下会计重述在同类公司中的信息传递效应，判断传染效应和竞争效应的相对作用。涉及的两个具体研究问题是：第一，会计重述是否会导致市场参与者重新评估之前重述公司与非重述公司的财务报表信息；第二，会计重述后 1 年内重述公司与非重述公司的累积买持超额回报是否会以及在多大程度上存在差异。

6.1 假 设 提 出

根据对会计重述信息的传染效应和竞争效应的理论分析可知，相较公司的其他信息，市场参与者对公司的负面消息及与盈余有关的信息更为敏感，更可能表现为一种传染效应。也就是说，传染效应在会计重述信息的传递过程中更容易占主导地位。20 世纪 80 年代起的十多年间，先后发表在《会计与经济学杂志》（Journal of Accounting and Economics, JAE）上的几篇关于盈余公告信息传递效应的研究均证实了相较竞争效应而言传染效应表现出的统领推动力。福斯特（Foster, 1981）通过考察盈余公司对行业内其他公司股价的影响，研究了盈余公告的信息传递效应，结果显示，盈余公告公司与行业内非盈余公告公司间的确存在显著的信息传递效应，且在收入占比更大的样本中该效应表现得更为显著。克林奇和辛克莱（Clinch & Sinclair，1987）以澳大利亚公司的半年报盈余公告公司为样本，使用了递归系统方法（recursive systems approach）来检验行业内信息传递效应的程度。虽然某些结果表现出对替代方法的敏感性，但总体结论与福斯特（1981）一致，支持了与公司盈余发布有关的行业内传递效应的存在性。弗里曼和谢（1992）通过对行业内盈余公告早发布和晚发布的公司样本来评价潜在的信息传递效应，其使用的盈余预测模型结果显示，平均来说，存在显著为正的信息传递即传染效应。

近年来，随着安然、世通等大公司相继爆发财务丑闻，以及《SOX 法案》的颁布，美国会计重述事件骤增，多项实证研究也开始探讨会计重述信息的传递效应。如戈南（2003）研究了 1996 年至 2001 年间导致集体诉讼的 34 个盈余重述公司的信息传递效应。结果显示，盈余重述事项在公告当天给当事者公司带来了平均 - 17.75% 的显著超额回报，使同行业其他公司在公告当天也产生了 - 0.75% 的显著超额回报。由此证明了重述公告传染效应的主导性。马吉蒂斯（Margetis，2004）通过对 473 家重述公司和 8788 家配对公司的检验发现，在 3 天的事件窗口中，盈余重述公告导致了重述公司 6.27% 的显著为负的累积超额回报，导致了非重述公司 0.47% 的显著为负的累积超额回报。市场集中度、分析师预测离差、收入确认引致的重述、下调盈余重述的规模、影响核心账户的重述等，并未对传染效应的大小产生实质影响。徐、纳贾德和西金法斯（Xu，Najand & Ziegenfuss，2006）研究了 1997 年 1 月至 2002 年 6 月间由会计违规导致的盈余重述的行业内效应，将样本公司按公告日前后 3 天的累积超额回报正负，分为累积超额回报为负的 366 家重述公司和累积超额回报为正的 178 家重述公司分别检验，结果显示前者（后者）的同类非重述公司在 3 天的事件窗中经历了 - 0.76%（0.89%）的显著超额回报。从而证实与竞争效应相比，重述公告的传染效应占据主导地位。格里森、詹金斯和约翰逊（Gleason，Jenkins & Johnson，2008）与徐、纳贾德和西金法斯（2006）使用了同样的研究期间，但只选择了对股东财富产生负面影响的 380 个重述公司样本。结果与之一致，即会计重述会引起与重述公司在同一行业的非重述公司的股价下跌，而且这种传染效应主要集中在收入重述而非费用重述公司中。

随着我国证券市场的发展和入市成本的降低，投资者及其偏好更为异质和复杂，市场变得愈发具有投机性。只具备有限控制力和有限注意力的市场交易者，受到易得性直觉推断和典型性影响的程度比其他国家表现得更为明显。加之我国资本市场中信息不对称程度本来就比较高，真实信息的供给严重不足，"好消息早、坏消息迟"又多次被证明，因而市场参与者更容易重视并利用坏消息或盈余相关信息进行判断。金智、柳建华和陈辉（2011）以 2001 年至 2008 年发布处罚公告的中国 A 股上市公司为研究对象的检验结果显示，处罚公告对同行业竞争公司也产生了显著的信息传染效应，而且改善会计信息质量可以减弱这种负向市场反应。信息的严重不对称性及对资本市场基本信任的不足，再加上管制行为本身容易受损失的非对称功能（asymmetric loss function）的影响（李增泉和孙铮，2009），因而我国的资本市场更可能对同类非重述公司投以质疑。基于此，本书提出假设：在我国资本市场的会计重述信息传递中，相比竞争效应，传染效应更可能发挥主导作用。

6.2　研究设计

6.2.1　短期与长期信息传递效应模型的适用性

已有文献对会计信息传递效应的研究，主要采用的是事件研究法，即计量出消息公司与同类非消息公司在消息发布日前后几天的事件窗内的累积超额回报，并比较两者的相关性，从而判定传染效应和竞争效应的相对大小。若同类非消息公司与消息公司有着同方向的显著的累积超额回报，则被认为是以传染效应为主；反之，则被认为是以竞争效应为主。但是上述这种考察短期或即时的信息传递效应的方法有其应用的局限性。

第一，该方法必须具备一个重要的前提条件：所要研究的事件必须具有显著的市场反应。也就是说消息公告这一事件对消息公司本身必须能够产生在统计上显著为正或为负的效应，否则，消息公司和同类非消息公司的即时信息传递效应无从谈起。这也是许多国外相关研究一定要选择被监管当局处罚或引起较大轰动事件的原因，如戈南（Gonen，2003）为确保事件具有显著性，只选择了导致集体诉讼的盈余重述公告公司。格里森、詹金斯和约翰逊（2008）只选择了对股东财富产生负面效应的重述公司样本。可是根据对中国上市公司会计重述特征的分析表明，由于监管背景和经济环境的不同，我国的会计重述严重程度很难有明确的判断标准。帕尔罗斯、理查德森和肖尔兹（Palmrose，Richardson & Scholz，2004）表明，在美国38%的重述公司将会面临股东诉讼及其后可能的破产申请甚至退市，而我国对重述公司的监管要求和惩处力度则小得多，加之在我国会计重述中只有不足1/5的比例是由于遭受监管方严惩所致，因而相较国外重述公司，我国会计重述的即时影响程度会较小。

第二，必须能够清楚地分离其他影响因素。由于事件窗口内可能不止该消息公告这一项能够影响股价的事件，因而能否在事件窗口期内控制或分离其他事件，尽力减少噪音，决定着事件研究法的成败。

由中国上市公司重述公告发布的月份分布图（见图6－1）可知，重述公告多集中在三四月份，而这一期间正是中国上市公司的年报公布期，这可能意味着我国上市公司发布重述公告存在相机选择问题，也可能是导致重述公告市场反应较小的原因。换句话说，重述公告的披露时机，可能在一定程度上说明了重述公告的真实市场反应或纯粹市场反应比后续检验中的要大。

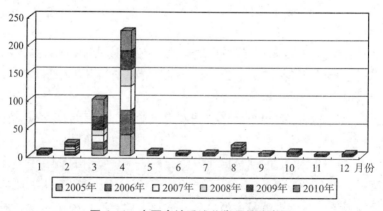

图6－1　中国会计重述公告月份分布图

　　我国上市公司的会计重述公告多集中在每年的三四月份发布，即与年报发布的时间是基本一致的。因而很难把会计重述公告事件单独从年报发布事件中分离出来。如果不分离这些重要的影响因素而直接采用事件研究法，检验结果会因噪音过大而无法保证结论的可靠性。若删除与年报一起发布的重述样本，或如格里森、詹金斯和约翰逊（2008）一样剔除公告期超额回报是正或在 0 和 −1% 之间的样本来降低噪音，那么剩余的样本量将非常之小，以至于无法达到大样本统计检验的最低样本量要求。

　　第三，会计重述信息可能早被市场获知。中国上市公司重述公告中的财务年度有时往往不是针对当年的财务报表，而更多的是针对重述前 1 年或前 2 年的财务年度，本研究将此定义为重述公告时滞。重述公告滞后期分年度比较显示，平均来说是 1.87 年；从各年变化来看，整体趋势呈波浪形，即不存在明显的方向性，这可能主要受当年的制度环境或其他因素的影响。加之我国资本市场有效性不足，且对会计重述问题的监管发现和实质处罚间存在较长的时滞期，因而公告发布前会计重述信息已经部分被市场所获知，这都会导致对会计重述使用事件研究法时难以产生显著的超额回报[①]。表 6 – 1 为中国会计重述公告时滞年数分年度比例，图 6 – 2 为中国会计重述公告时滞均值分年度比较。

表 6 – 1　　　　　　　　　中国会计重述公告时滞年数分年度比较

重述年份	重述数	均值	25% 分位数	50% 分位数	75% 分位数	最小值	最大值
2005	58	1.896552	2	2	2	1	2
2006	78	1.820513	2	2	2	1	3
2007	64	1.953125	2	2	2	1	3
2008	48	1.895833	2	2	2	1	4
2009	82	1.792683	1	2	2	1	4
2010	82	1.902439	2	2	2	1	3
全样本期	412	1.871359	2	2	2	1	4

---

　　① 在 6.3.3 节运用事件研究法的补充性检验中也证实了在本研究样本期间内并未检测出会计重述事件具有显著的超额回报。

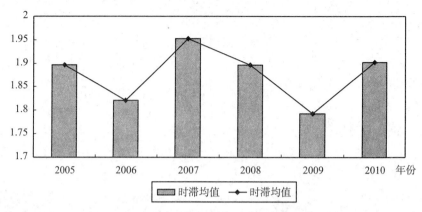

图 6-2　中国会计重述公告时滞均值分年度比较

基于上述三点原因，本研究将会计重述信息传递效应的检验从短期扩展至长期，以尽力减低短期效应检验中可能存在的问题。而且与之前研究只使用行业作为标准来判断同类公司不同，本研究使用的是以行业、规模、年龄、是否特别处理、年度等配对标准，通过估计平均处理效应进行精确配对的样本来进行检验，以最大限度地降低噪音。为了进一步确保研究结果的稳健性，设计了两种检验方法以互相印证。

6.2.2　估值和投资视角的信息传递效应模型设定

1. 估值视角的信息传递效应检验

该方法是基于利用资产负债表和利润表在权益估值中的不同作用而设计的巴斯、比弗和兰茨曼（Barth, Beaver & Landsman, 1998）的估值模型，加入会计重述变量后形成拓展模型，来考察会计重述是否导致投资者重新评估重述公司及非重述公司发布的财务报表信息。巴斯、比弗和兰茨曼（1998）认为，市场上的投资者会根据公司财务状况的不同，对资产负债表和利润表赋予不同的估值权重。如果投资者对财务状况不甚乐观，则会对权益账面价值予以更大的定价乘数，而对净利润予以更小的定价乘数。以此为基础，加入会计重述变量进行交互的拓展模型的解释是，若会计重述存在信息传染效应，则意味着市场参与者对重述公司和同类非重述公司会赋予与权益账面价值和净利润类似的定价乘数，即市场参与者对重述公司和同类非重述公司的定价乘数不存在显著差异。但是市场参与者对重述公司及其异类非重述公司[①]的权益账面价值和净利润的定价乘数会存在显著差异。具体模型如下：

$$MVE_t = a_0 + a_1 BVE_t + a_2 NI_t + a_3 Restate_t + a_4 BVE_t Restate_t$$
$$+ a_5 NI_t Restate_t + e \qquad\qquad (L)$$

➤MVE_t：每股权益市场价值（股票市值）；$Restate_t$：是否为重述公司的虚拟变量；

➤BVE_t：每股权益账面价值；NI_t：扣除非经常性损益后的每股收益；

➤分别用同类非重述公司、异类非重述公司配对样本进行检验。

为方便对各系数经济意义的理解，把重述虚拟变量 Restate 的值代入方程中可知，非重述公司方程为：$MVE_t = a_0 + a_1 BVE_t + a_2 NI_t$；重述公司方程为：$MVE_t = (a_0 + a_3) + (a_1 + a_4) BVE_t + (a_2 + a_5) NI_t$。若会计重述的传染效应占主导，则说明投资者对同类非重述公司给予与重述公司类似的权益账面价值和净利润的定价乘数，而给予异类非重述公司更低的权益账面价值定价乘数和更高的净利润定价乘数。因此，在传染效应主导时，用同类非重述样本回归的结果应显示，增量系数 a_4 和 a_5 均不显著；而用异类非重述公司回归时，结果应显示，权益账面价值定价乘数的增量系数 a_4 显著大于零，而净利润定价乘数的增量系数 a_5 显著小于零。

2. 投资视角的信息传递效应检验

投资视角的信息传递效应检验方法的主要思路是，通过检验重述公司和同类非重述公司、重述公司与异类非重述公司在重述后 12 月内的累积买持超额回报，研究中国情境下会计重述的信息传递效应。如果存在传染效应，则重述公司与异类非重述公司在重述后 12 个月的累积买持超额回报差异应大于重述公司与同类非重述公司在重述后 12 个月的累积买持超额回报差异。

具体做法是，在比较两类公司持有期累积超额买持回报率均值与中值差异基础上，进一步消除由于样本在规模、风险、增长潜力等方面造成的影响，以累积持有期买持回报作为因变量，采用如下回归方程分别使用重述与同类非重述、重述与异类非重述两类样本进行考察，具体模型如下：

---

① 异类非重述公司是相对于同类非重述公司而言的，指的是除同类非重述公司外的其他非重述公司。

$$CA\_BHR_{t+1} = \alpha + \beta_1 Restate_t + \sum \beta_i \times 控制变量 + v \qquad (M)$$

模型中的 CAR_{t+1} 表示公司从重述公告日所在月的下一个月开始的未来 12 个月的持有期累计超额买持回报率。借鉴斯隆（1996）等研究加入规模、资产负债率、账市比、公司年龄、是否特别处理、经济危机前后、行业等作为控制变量。按重述公司与同类非重述公司、异类非重述公司外的其他非重述公司设置两个虚拟变量，分别作为自变量放入模型（M）中进行回归。

6.3 经验结果与分析

6.3.1 估值视角的信息传递效应检验

估值模型的检验结果如表 6 - 2 所示，在使用与同类非重述公司样本形成的重述虚拟变量进行回归时，权益账面价值定价乘数和净利润定价乘数的增量系数虽然分别为正和负，但在统计上不显著，但在使用与异类非重述公司样本形成的重述虚拟变量进行回归时，权益账面价值定价乘数和净利润定价乘数的增量系数分别显著为正或负。这一结果说明了，与竞争效应相比，会计重述对同类非重述公司的传染效应占主导。加入规模、资产负债率和账市比等控制变量后，并未改变上述结果。

表6-2　　　　　权益账面价值和净利润的定价乘数比较

MVE		系数	标准差	显著性	置信区间上限	置信区间下限
与同类非重述公司样本形成的重述虚拟变量	BVE	1.8720	0.3053	6.13 *** (0.000)	1.2737	2.4703
	NI	4.6599	1.3871	3.36 *** (0.001)	1.9412	7.3786
	BVE × R	0.2644	0.3593	0.74 (0.462)	-0.4398	0.9685
	NI × R	-1.6239	1.6762	-0.97 (0.333)	-4.9092	1.6615

续表

MVE		系数	标准差	显著性	置信区间上限	置信区间下限
与异类非重述公司样本形成的重述虚拟变量	BVE	2.1789	0.0829	26.28 *** (0.000)	2.0164	2.3414
	NI	5.7155	0.3496	16.35 *** (0.000)	5.0304	6.4006
	BVE × R	0.4525	0.1609	2.81 *** (0.005)	0.1372	0.7679
	NI × R	-3.6064	1.1081	-3.25 *** (0.001)	-5.7782	-1.4345

注：*** 表示在 1% 水平上显著。

6.3.2　投资视角的信息传递效应检验

1. 比较持有期累积超额回报率均值和中值差异

在计算累积超额买持回报率时，使用的基本数据是考虑现金红利再投资的月个股回报率、考虑现金红利再投资的月市场回报率（等权平均法）。由单变量检验结果可知，重述与同类非重述公司的累积超额买持回报不存在显著差异，但重述公司与异类非重述公司的累积超额买持回报存在显著差异，即异类非重述公司的累积买持回报的均值和中值分别在 1% 和 5% 的统计水平上显著大于重述公司的相应数值。由于这种差额投资回报可能是由其他影响，如公司的规模、增长潜力、各种风险所致，因而又加入了相关的控制变量进行广义最小二乘回归检验。表 6-3 为累积超额买持回报率比较情况表。

表 6-3　　　　　　　　累积超额买持回报率比较

	同类		异类	
	均值	中值	均值	中值
非重述	0.6801	0.3569	0.7532	0.3766
重述	0.5868	0.3137	0.5868	0.3137
差异	0.0933	0.0432	0.1664	0.0628
显著性	1.0321 (0.1512)	1.147 (0.2515)	2.4936 *** (0.0063)	2.289 ** (0.0221)

注：*** 表示在 1% 水平上显著。

2. 加入控制变量后的广义最小二乘法回归分析

在加入可能影响超额买持回报的相关控制变量后的广义最小二乘回归结果显示，重述公司与同类非重述公司相比，其累积买持回报并不显著；而与异类非重述公司相比，累积买持回报是显著为负，即会计重述公司在重述后 12 个月的累积买持回报是显著低于异类非重述公司的。从而证明了在会计重述对同类非重述公司的信息传递效应中，传染效应力压竞争效应占了主导地位。另外，控制变量的结果说明，公司规模越大、账市比越低、上市时间越久、处在经济危机之后的年份时，其累积买持回报越小。资产负债率、是否被特别处理等变量则在两个方程中表现不显著或不统一。

由于公司发布重述公告并无固定期间限制，也就意味着投资者获知哪些上市公司是重述公司的时间并不固定。为此，我们对 2005～2010 年的重述公司的重述公告日期进行了统计，结果表明 94% 的重述公司都会在发布年报公告当年的 8 月 31 日前发布重述公告，因而我们大致认为，在这一时间点，市场上的投资者已获知公司是否进行重述的信息。基于此，在进行投资回报计算时，本研究把投资组合回报计算的时间区间选定在第 t 年 9 月至第 t+1 年 8 月（t 年为重述公告发布年）进行敏感性测试，主要结论并未发生实质性改变（见表 6-4）。

表 6-4　　　　会计重述信息传递效应的投资模型检验结果

累积买持回报	与同类非重述公司相比	与异类非重述公司相比
重述与否	-0.0731	-0.1326 ***
规模	-0.2777 ***	-0.2882 ***
资产负债率	0.0772	-0.0371
账市比	2.0539 ***	2.1911 ***
公司年龄	-0.0851 ***	0.0064 *
是否 ST	0.1259	-0.1210 ***
是否被处罚	-0.1762	-0.1552 **

累积买持回报	与同类非重述公司相比	与异类非重述公司相比
经济危机前后	− 1. 3539 ***	− 1. 4543 ***
行业	控制	
拟合优度	0. 5490	0. 4544
方程总体显著性	859. 58 ***	5564. 29 ***
样本量	735	6710

注：使用的是随机效应 GLS 回归。* 、** 、*** 分别表示在 10% 、5% 和 1% 水平上显著。

6.3.3　运用事件研究法的补充性检验

为了进一步为本研究在模型选择时的分析提供佐证，本部分利用目前对公司信息传染效应和竞争效应研究时常用的事件研究法进行了补充性检验，以分析会计重述的市场反应。综合戈南（2003）、徐、纳贾德和西金法斯（2006）、格里森、詹金斯和约翰逊（2008）等对事件期的选择情况，对本研究的事件窗口分别选择了会计重述公告发布日前后各 1 天（共 3 天）、前后各 2 天（共 5 天）和前后各 5 天（共 11 天）三种情况，估计窗口选择的是会计重述公告发布日前 125 天至前 6 天（共 120 天）。运用市场模型进行广义最小二乘回归求得到正常收益的估计参数，继而求出异常收益和累积平均异常收益，最后使用麦金利（Mackinlay，1997）的 θ_1 统计量进行检验。

如图 6 - 3 显示，会计重述公告发布日前后各 1 天（共 3 天）、前后各 2 天（共 5 天）和前后各 5 天（共 11 天）三种事件窗口期的累积平均异常收益分别为：0. 0062、0. 0038、− 0. 0054，但均未通过 θ_1 检验，即均未能拒绝会计重述公告对股价没有显著影响的零假设。这可能意味着会计重述消息在公告前已得以部分释放。结果很好地证明了之前的分析，即本研究样本不存在传统信息传递效应研究方法所必备的前提条件：事件具有显著的市场反应。

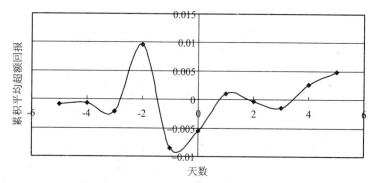

图 6 - 3　中国会计重述公告的市场反应

6.3.4　基于会计重述特征的细分样本检验

1. 基于会计重述原因的细分样本检验

根据目前可获得的文献整理分析后发现，对会计重述原因或性质的分类方法大致包括两大类。一类是以美国国家审计署研究报告《财务重述——公众公司最新趋势、市场影响和监管实施活动》（GAO，2007）为代表的数量式明细分类；另一类是美国财政部的研究报告《公众公司财务重述的变化性质和后果》（Scholz，2008）为代表的质量式总括分类。

GAO（2007）把重述原因分为九类：收入确认；成本或费用；购买和合并；研发；重分类；关联方交易；重组、资产或存货；证券相关；其他。与1997年1月至2002年6月的研究期间相比，2002年7月至2005年9月的研究期间中，与成本、费用相关的原因在最新统计中占到35%，超过收入确认问题成为会计重述公告中出现频率最多的重述原因。收入确认则由1997年占比41%下降到2006年占比11%。

肖尔兹（2008）将会计重述原因按其严重性不同，依次分为：收入、核心费用、非核心费用、分类和披露四种。与收入有关的重述的绝对数量除2006年外一直处在增长趋势，但在所有重述事件中的相对比例却在减少。这一现象在2001年表现得最为明显：由2000年的占比44%下降至2001年的占比25%。核心费用类重述是指与持续经营有关的费用，包括销售成本、薪酬、租赁和折旧成本、销售费用、管理费用、研发费用等。其由早期的30%上升到后期的40%，在2005年因租赁准则的出台使得当年与租赁会计问题有关的重述骤增。收入确认和核心费用决定了公司的核心盈余，两者加总占比一直保持最高。非核心费用类是指非经营性或非经常性费用，虽然影响净利润但不产生于持续经营活动中，包括利息、税、衍生金融产品，也包括对非经营性或非经常性项目的更正，如资产减值、或有事项、利得和损失等。其占比由 1997 年的 20% 增加到十年后的近40%，这一类别的增加主要是由减值、衍生品、税、可转债利息等造成的。重分类和披露类重述往往只是对一些项目在几个财务报表中的位置予以重排，因而一般不影响净利润，故通常被认为是无危害重述。比如把债务由长期划分为短期，再比如，最典型的披露重述是修改脚注信息，对每股收益但非净利润的修正也包括在此类。这一类重述的数量和比例在研究期间内都有所增加，但所占份额一直很小，此类重述数量在 2006 年有一个跃升，这主要与现金流量表重分类增加有关。图 6 - 4 和图 6 - 5 分别是美国会计重述原因分年度比较（绝对数）和美国会计重述原因分年度比较（相对数）。

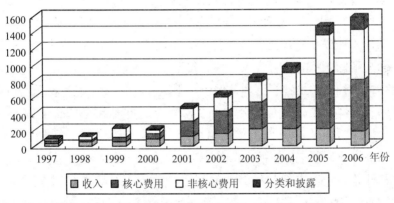

图 6 - 4　美国会计重述原因分年度比较（绝对数）

对原因进行细分后的统计结果还显示，与债务相关的重述从 2005 年的 12% 增长到 2006 年的 17%。与资产估价有关的重述，包括商誉、无形资产和其他资产减值的错报，在近几年也在增加。与税有关的重述也在增加。衍生性金融产品的重述是最近的一个新发展，但占比很低，一些与利息有关的重述往往涉及衍生金融工具。总体说来，上述四类重述在研究期间都增长了，但在这十年间的增速是不同的。收入类重述在 2006 年是1997 年的 4 倍多；核心费用类是 20 多倍，非核心费用类是 34 倍多，重分

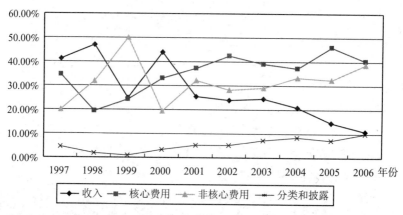

图 6-5 美国会计重述原因分年度比较（相对数）

类和披露类是 39 倍多（虽然该类在 1997 年只有 4 个）。平均说来，性质越严重的重述，其增速相对越慢，说明重述的严重性有所减弱。

综上可见，GAO（2007）主要是依据重述频率由高到低，将重述分类为：成本或费用，收入确认，与证券有关的，重组、资产或存货，重分类，其他，购并，关联交易，研发费用。肖尔兹（2008）则是按照重述严重性由高到低，将其分为收入、核心费用、非核心费用、重分类和披露四大类。这两种分类虽各有道理，但仍存不足。一方面，无论是重述频率还是重述严重性都是依据美国公司的实际而定，并不完全适合中国会计实践。根据证监会对 2010 年上市公司执行企业会计准则监管报告，在 2010 年被动进行前期差错更正的上市公司中，纳税汇算清缴占据主导地位。但以上两种分类中都未把与税相关的问题单独作为一类进行列示。另一方面，GAO（2007）分类过于细致反而不容易让人分清重述成因差异，而肖尔兹（2008）把错综复杂的成本费用类重述只简单地分为核心和非核心两类，难免过于粗糙、不易深入探究重述的原因与性质，且"核心"的界线很难界定和把握。

基于此，本研究在借鉴这两种分类各自优点的基础上，结合中国国情予以分类。据粗略统计，本研究样本中 90% 的会计差错更正都涉及损益，因而在借鉴肖尔兹（2008）的基础上，以利润表的列报顺序作为会计重述第一级分类的参照标准；结合 GAO（2007）、证监会（2011）、樊行健和郑珺（2009）等，对一级分类中涉及事项或交易较为复杂的，又进行了第二级分类。详细分类描述见下。

A　收入类

B　成本费用类

B1　营业成本类

B2　期间费用类（财务费用、销售费用、管理费用）

B3　工资薪金类

B4　资产减值类

B5　其他成本或费用类

C　非经常性损益类

C1　资产交易类（因资产转让带来的损益，如非流动性资产处置、非货币性资产交换、股权转让、债务重组等损益）

C2　资金运用类（企业计收或支付资金占用费、委托理财或自行投资）

C3　政府补贴类（政府给予的临时性补助或偶发性税收返还）

C4　其他非经常性损益类（如存货盘盈亏）

D　税类

E　合并及长期投资类

E1　合并范围

E2　长期投资

F　其他类（除上述 5 项之外的其他原因，包括分类错误、披露错误、虚增资产、控股股东占用资金等）

由统计结果（见图 6-6、图 6-7）易知，在本研究的全样本期（2005~2010 年），按重述原因占比由高到低分别为：成本费用类（50.24%）、税类（37.50%）、合并及长期投资类（23.35%）、收入类（15.33%）、其他（14.15%）和非经常性损益类（11.32%）。在成本费用中，资产减值子类占比最高（23.82%）；在非经常性损益中，资产交易子类占比最高（5.90%）。由重述原因分年度比较趋势图可知，在全样本期中，成本费用和税类的波动性最大，但基本上都位居重述原因的前两位。

由于收入和费用构成和处理的差异性，使得收入重述涉及项目的异质性要明显小于费用重述涉及项目的异质性。马吉蒂斯（Margetis，2004）认为由于收入确认问题而重述盈余的公司，应该更可能对其竞争对手公司产生传染效应；格里森、詹金斯和约翰逊（Gleason，Jenkins & Johnson，2008）

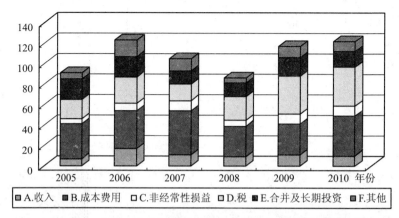

图6-6 中国上市公司会计重述原因分年度比较（绝对数）

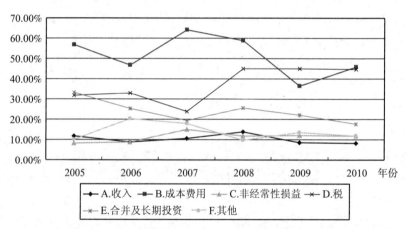

图6-7 中国上市公司会计重述原因分年度比较（相对数）

的检验结果也发现，会计重述的蔓延传染效应主要集中在收入重述而非费用重述中。本书以中国会计重述公司为研究样本，基于会计重述原因的细分样本检验结果表明，收入类和费用类会计重述的信息传递效应并不存在显著差异，但税类会计重述的传染效应比其他几类略高。

2. 基于会计重述严重程度的细分样本检验

结合中外文献的研究成果，会计重述的严重程度可从以下三方面来体现。第一，从会计重述的发起方予以判断；第二，从是否为欺诈性会计重述予以判断；第三，从会计重述内容涉及的种类多少进行判断。

GAO（2007）的研究对比了以《SOX 法案》为代表的监管措施颁布前后的重述发起方占比的变化。如图 6 - 8 所示，相比 1997 年 1 月至 2002 年 6 月期间（以下简称"SOX 前期"），2002 年 7 月至 2005 年 9 月期间（以下简称"SOX 后期"）的未知发起方重述占总数的比例明显下降，表明重述事件在监管压力下变得更为透明；SOX 后期比前期的内部和外部发起方比例都有所上升，其中外部发起方增速大于内部发起方，这在很大程度上说明了以《SOX 法案》为代表的各项监管措施给予了公司较大的督促力。GAO（2007）也指出，行业观察分析人士认为，重述的日益增加是公司管理层、审计委员会、外部审计师和监督当局对财务报告质量关注和监管加强的副产品。自《SOX 法案》等系列法律法规出台后，公司高管受托责任的加强，确保财务报告质量的内部控制日益严厉，使得超过半数（58%）的重述由内部发起。审计师和监管当局审查加强，包括明确了指导方针和监管措施等，成立了新的监管机构（如 PCAOB），与会计和审计有关的行动涉及的各种组织和个人的范围也进一步扩大，这都促使由外部发起的重述日益增加。

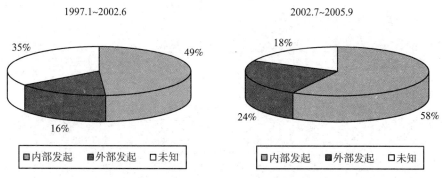

图 6 - 8 《SOX 法案》颁布前后美国会计重述发起方占比变化

GAO（2007）将 SEC 监管的涉嫌财务欺诈和发行人报告问题放在一起讨论。结果显示，1998 年至 2005 年，这类案件的数量增加超过 130%。肖尔兹（2008）单独对欺诈的统计结果表明，1997 年欺诈占比是 29%，而在 2006 年这一比例降低至 2%。对中国上市公司会计重述发起方的分类统计结果显示，近一半（46.23%）的上市公司在重述公告中并未披露是由谁发起的重述，其中 2005 年未知原因的重述最少，其他年份则处于

50%左右的高比例。这在一定程度上暴露出我们重述公告不完善、重述信息不透明的问题。

表6-5列示的是基于本研究数据统计的中国上市公司会计重述发起方分类。图6-9为中国上市公司会计重述发起方分年度比较。

表6-5 　　　　　　　中国上市公司会计重述发起方分类说明

监管方	证监会会计部、证监会下属证监局、银监会
	财政部专员办、财政厅/局
	审计署（审计厅/审计局）
	海关
	国资委
	证交所
	主管税务机关（地税或国税）
	民事裁定书（法院）
	其他（如环保局、劳动局、社保局等部门）
第三方	新任会计师事务所
	税务师事务所（鉴证报告）
	财务顾问
	征询会计司复函
	会计师事务所（如年审中发现）
	评估报告（如资产评估报告、土地增值税鉴证报告）
	新任股东
自查	包括编制报表时发现、与会计师事务所讨论等情况
未知	

从比较结果（见图6-10）看，由监管机关发起的重述，当仁不让地成为最主要的重述发起方，且在各年度表现较为平稳；准则后期相对准则前期，监管方的占比相对更大一些（由74%上升到81%）。第三方发起的重述在各年度则呈略微下降趋势，平均来看占比不足15%；准则后期占比相对准则前期，有所降低（由18%下降至12%）。在全样本期平均来看，由公司内部自查而发起的重述占比仅为7.46%，远低于美国相应比例（58%）。

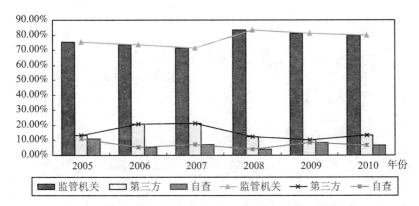

图 6 – 9 中国上市公司会计重述发起方分年度比较

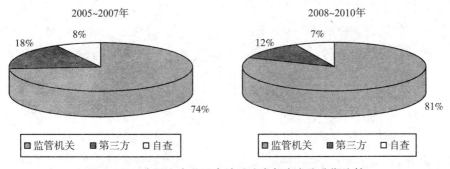

图 6 – 10 中国上市公司会计重述发起方占比分期比较

根据 CSMAR 数据库提供的监管机构是否进行处理来划分以判断欺诈重述。全样本期统计结果见（图 6 – 11）表明，在本研究重述样本中，欺诈类重述约占 12.26%，即每 8 家重述公司中有 1 家是因为欺诈而被要求予以重述。从分年度统计结果看，欺诈类重述占比在 2005 年达到最高（21.67%），即至少每 5 家重述公司中就有 1 家是欺诈类重述；自 2005 ~ 2009 年间这一比例一直处于下降趋势，但在 2010 年这一比例又有大幅回升。

通过对会计重述公司的整理和分析获知，其涉及的重述对象有时仅针对子公司或联营企业，这与主要针对母公司或上市公司的关键问题的重述相比，其重述的严重性相对较弱。重述涉及的会计问题个数多少，也在一定程度上反映了重述事件的严重性。另外，有些重述公告在会计差错外还同时伴有会计政策更正和会计估计变更；ST 公司由于存在较为严重的问

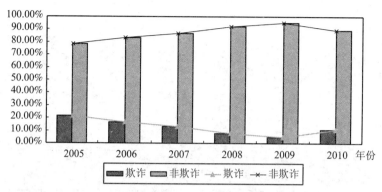

图 6-11　中国上市公司会计重述中欺诈占比分年度变化

题，因而也更可能发生重述。虽然有些问题不能简单地归为重述严重性强或弱，但由于均与重述严重性有一定关系，因而把上述这几类问题一并放在重述严重性中予以统计说明。

由表 6-6、图 6-12 可知，从全样本期看，仅对子公司或联营企业等的重述占到 14.86%；从分年结果看，该类重述趋势呈现略微下降态势。从全样本期看，与会计政策或会计估计变更同时的重述占比为 5.42%；从分年结果看，这一比例表现得并不稳定。如 2009 年这一比例为 0，而 2010 年这一比例又超过 10%，这可能与当年的制度环境等有关系。从全样本期看，仅对单一事项的重述占总数的 2/5 以上；从各年结果看，近两年的这一比例保持在超过半数以上的水平上。从全样本期看，每 5 家重述公司中就有 1 家是 ST 公司，说明会计重述与公司经营不佳确实具有一定的关联性；从分年结果来看，重述公司中 ST 公司所占比重在近几年有较为明显的下降趋势。

表 6-6　　　　　　　　与会计重述严重性有关的部分特征比较

样本期间		全样本期	2005 年	2006 年	2007 年	2008 年	2009 年	2010 年
Son	绝对数	63	11	18	9	4	13	8
	相对数	14.86%	18.33%	22.78%	13.43%	7.84%	15.85%	9.41%
Policy	绝对数	23	5	5	1	3	0	9
	相对数	5.42%	8.33%	6.33%	1.49%	5.88%	0.00%	10.59%

续表

样本期间		全样本期	2005 年	2006 年	2007 年	2008 年	2009 年	2010 年
Single	绝对数	179	18	33	26	17	42	43
	相对数	42.22%	30.00%	41.77%	38.81%	33.33%	51.22%	50.59%
ST	绝对数	91	8	17	20	16	14	16
	相对数	21.46%	13.33%	21.52%	29.85%	31.37%	17.07%	18.82%
重述总数		424	60	79	67	51	82	85

注：son——仅对子公司或联营企业等重述；policy——与会计政策或会计估计变更同时；single——单一事项导致重述。ST——是 ST、PT、＊ST、＊SST 等类公司。相对数：绝对数除以所在样本期间的重述总数；重述样本总数只针对沪深 A 股。

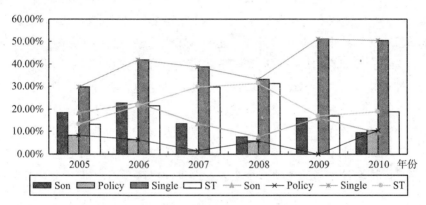

图 6 - 12　与会计重述严重性有关的部分特征比较

　　会计重述公告中涉及的财务年度数目长短，也在一定程度上反映了会计重述的严重性。由表 6 - 7、表 6 - 8 可知，会计重述公告中涉及的财务年度数目往往不止 1 年，尤其是追溯重述的情况可能涉及多年（在本研究样本期中最长的可达 9 年）。肖尔兹（2008）的统计分析结果显示，美国重述事件涉及或纠正的财务年度数目的均值从 1997 年的 1.35 年增长到 2006 年的 2 年。而且其分析还显示，涉及更长年度的重述公司的市场反应更小，这可能意味着投资者更关心离重述年度更近的事项。在本研究样本中，中国重述事件涉及的财务年度数目平均来说是 1.36，比美国情况略低。在全样本期中，呈现出先升后降再升的不规则趋势，其中在 2006 年达到最高的 1.50 年，而在 2010 年又略有回升。

表6-7　　　　　美国会计重述事件涉及财务年度数目分年度比较

年份	1997	1998	1999	2000	2001	2002	2003	2004	2005	2006	全样本期
数目均值	1.35	1.43	1.40	1.26	1.28	1.47	1.52	1.67	2.02	1.92	1.71

表6-8　　　　　中国会计重述事件涉及财务年度数目分年度比较

年份	2005	2006	2007	2008	2009	2010	全样本期
数目均值	1.28	1.50	1.41	1.35	1.26	1.33	1.36
最大值	7	9	6	7	3	5	9

会计重述的发起方、是否为欺诈类会计重述、是否存在会计重述"并发症"① 等，都在不同程度上体现了会计重述性质的严重程度，因而使得市场参与者对严重性不同的会计重述的认知反应也可能存在差异，其对同类非重述公司产生的传染效应和竞争效应就很可能有所不同。为此，结合以上描述性分析，本书从表征会计重述性质不同的三个角度分别进行了细分样本检验。结果显示，监管方发起的会计重述，其信息传染效应高于其他两类重述；欺诈类会计重述的信息传染效应，高于非欺诈类会计重述；单一事项与多重事项的会计重述的信息传递效应并未表现出显著差异，这说明了仅用会计重述的事项多少来表征严重性程度是不够准确的，因为一项性质严重的单一事项重述比多项性质轻微的重述可能更具有破坏性。

3. 基于会计重述公司控制人性质的细分样本检验

与西方较为成型的市场经济和相对有效的资本市场相比，中国这一转型经济下的新兴市场呈现出独特的公司特征。在我国上市公司中，七成左右为国有控股，这与西方市场经济国家平均只有几十家国有企业相比（OECD，2005），这一制度因素层面上的差异是需要尤其关注的。公司治理特征内生于公司的制度环境和市场化程度。钱尼、法乔和帕斯利（Chaney，Faccio & Parsley，2011）研究表明，存在政治关联公司的盈余质量比同类非政治关联公司要低，这是由于相比非政治关联公司，存在政

---

① 为行文表达方便，把除会计重述发起方、是否为欺诈类会计重述外的涉及会计重述严重性比较的内容，都统一称为会计重述"并发症"。

治关联的公司面对的因会计信息质量问题而导致的市场压力更小，即有着更宽松的市场环境和更小的约束成本。另一方面，我国中央政府和各级地方政府对上市公司实施的优惠政策和扶持力度存在差异，王俊秋和张奇峰（2010）对中央政府控制、地方政府控制和非政府控制公司的重述概率的统计显示，三者存在一定差异，但其未进行细分，且未进行差异显著性检验。因而，在本部分中，按照会计重述公司的控制人性质和政府层级进行细分检验。

对会计重述公司与非会计重述公司在国有持股比例和国有占比的差异比较结果显示（见表6-9、表6-10、图6-13、图6-14、图6-15），在本研究涉及的样本期间2005~2010年中，会计重述公司和非会计重述公司的国有股比率的均值和中值都呈现出逐年下降趋势，但两者并不存在统计显著的差异。会计重述与非会计重述上市公司中的国有控股公司占比在各年也不存在明显差异。这可能是因为，有些具有政治关联的民营企业，同样面临着债务契约软约束以及捞取政治资本的动机（吴文锋，吴冲锋和芮萌，2009），从而使其行为特征很接近国有企业。

表6-9　　中国重述与非重述上市公司国有持股比例均值分年度比较

年份	2005	2006	2007	2008	2009	2010	全样本期
非重述公司	0.3397646	0.2895936	0.2586612	0.2271065	0.1292783	0.0930327	0.2150251
重述公司	0.327657	0.2840418	0.2401779	0.1875792	0.1260159	0.070819	0.1983729
T检验	0.3593 (0.7194)	0.2076 (0.8356)	0.6569 (0.5114)	1.2474 (0.2125)	0.1393 (0.8892)	1.2669 (0.2082)	1.4149 (0.1571)

表6-10　　中国重述与非重述上市公司国有持股比例中值分年度比较

年份	2005	2006	2007	2008	2009	2010	全样本期
非重述公司	0.3777474	0.3007326	0.2676646	0.201243	0	0	0.1186979
重述公司	0.348963	0.2998051	0.2446889	0.1744993	0	0	0.0752871
Z检验	0.525 (0.5996)	0.098 (0.9222)	0.503 (0.6147)	0.816 (0.4146)	-0.124 (0.9012)	0.477 (0.6330)	0.968 (0.3332)

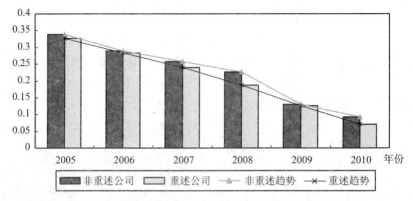

图 6-13 中国重述与非重述公司国有股比率分年比较（均值）

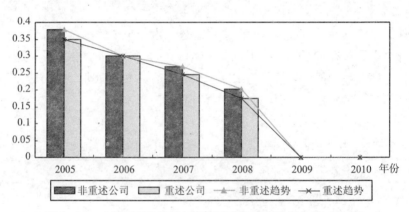

图 6-14 中国重述与非重述公司国有股比率分年比较（中值）

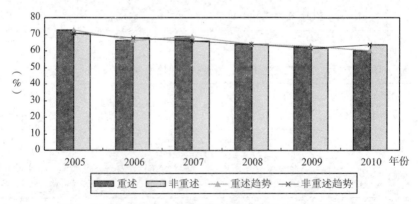

图 6-15 中国重述与非重述公司国有控股占比分年度比较

对国有和非国有上市公司在各年的会计重述比率差异的描述性统计结果显示（见图 6 - 16），国有和非国有上市公司的重述比率变化趋势是类似的；总体来看，国有上市公司的重述率比非国有上市公司重述率略高一点，但并不具有统计学意义上的显著性。这也印证了上述结果。

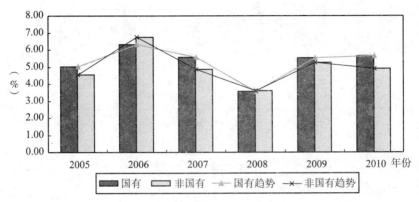

图 6 - 16　中国重述与非重述公司国有股比率分年度比较

不同政府层级的上市公司在各年度的重述比率差异比较结果显示（见表 6 - 11、图 6 - 17），在研究期间内，中央控制的上市公司的重述率呈先升后降、在准则实施后几年又呈缓慢上升的趋势；省级政府控制的上市公司重述率除 2008 年有显著下降外，其他年份都基本保持平稳；市级政府控制的上市公司的重述率虽然在研究期间内重述率略有波动起伏，但与其他三类相比，其重述率最高；县级政府控制的上市公司重述率则在总体上呈现下降趋势，在 2008 年也随整体趋势一致有较大幅度的下降。

表 6 - 11　　不同政府层级控制的上市公司会计重述比率分年度比较　　单位：%

年份	2005	2006	2007	2008	2009	2010	全样本期
中央	2. 63	8	5. 03	4. 69	5. 75	7. 48	5. 69
省级	4. 96	4. 15	3. 98	0. 72	4. 26	3. 91	3. 62
市级	7. 11	7. 69	8. 93	5. 83	7. 87	5. 96	7. 23
县级	6. 82	5. 88	2. 7	0	2. 56	0	3. 04
总体平均	5. 28	6. 3	5. 79	3. 33	5. 64	5. 43	5. 27

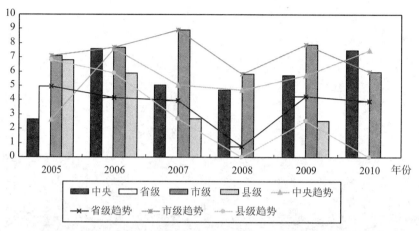

图 6 – 17   不同层级政府控制的上市公司会计重述比率分年度比较

基于上述描述性分析，本章按控制人性质和政府层级两方面分别进行细分样本检验，结果显示，国有和非国有上市公司的会计重述信息传递效应并未表现出显著差异；虽然在描述性统计中市级政府控制上市公司的重述率明显更高，但对信息传递效应检验结果显示，市场参与者并未对不同政府控制层面的上市公司予以区别对待。

4. 基于会计重述公司所在行业差异的细分样本检验

许多关于公司信息的传染效应和竞争效应的研究都认为，行业特征尤其是行业竞争程度会影响传染效应和竞争效应的相对作用。根据微观经济学理论，竞争程度不同的行业，其厂商数目、产品差异度、单个厂商对价格控制的程度、进出行业的难易程度等都会存在较大的差别，继而影响到信息传染效应和竞争效应的大小。为此，本研究也进行了基于行业特征的细分样本检验。具体采用了两种做法，一种是按表征市场集中度的赫芬达尔指数来代表行业竞争程度（Lang & Stulz，1992），并按该指数大小由低到高排序后分为小、中、大三类样本，并取小和大两类样本进行检验。第二种按行业类别粗略划分为垄断、寡头、竞争（包括完全竞争和垄断竞争）① 三类样本，分别进行检验。但结果并未表现出不同行业类别间存在

---

① 垄断行业选取的是公用事业；寡头行业选取的是钢铁、汽车、石油类行业；其他默认为竞争行业。

统计上显著的差异。

6.4　本章小结

　　本章对会计重述信息的传染效应和竞争效应进行了实证检验，证实了在中国情境下，相比竞争效应，会计重述信息的传染效应起着主导作用。在分析了短期信息传递效应模型在中国的不适用后，从投资视角和估值视角分别提出了两个可以互相印证的检验长期信息传染效应的方法。具体模型是在投资组合回报模型和巴斯、比弗和兰茨曼（1998）估值模型的基础上通过加入会计重述虚拟变量形成交互项后的拓展模型，来检验会计重述信息传递中的传染效应和竞争效应的相对强弱。另外，在基于会计重述特征的细分样本检验中发现，税类会计重述、由监管方发起的会计重述、欺诈类会计重述，其传染效应表现得更为明显。但是收入类和费用类会计重述、单一事项与多重事项的会计重述、公司控制人性质和层级不同的会计重述、公司所在行业竞争度不同的会计重述等，并未在各自比较中表现出显著差异。

　　本章对已有研究的改进在于，将信息传递效应的研究从即时或短期扩展到中长期，并从估值和投资两个视角对已有检验方法进行改进，使其更符合中国情境，同时可以互相印证。另外，在对同类公司样本进行选择时加入了除行业标准外的更为准确的限制，并分别同类和异类非重述公司进行对比检验，从而增强了结论的可靠性和严谨性。

第 7 章

结　语

7.1　主要研究结论

　　本书在借鉴会计重述已有研究的基础上，结合我国宏微观经济法律环境，以 2005~2010 年发生会计重述的上市公司为主样本，综合运用演绎推理、比较分析、事件研究、统计检验等方法展开研究。基于会计学、组织社会学、行为金融学等理论，阐明了会计重述在公司层面产生经济后果的作用机理和影响路径后，从公司治理、盈余质量、信息传递三个维度进行了实证检验，深入考察了针对我国上市公司的会计重述制度的实际效果。概观言之，依行文顺序，本书的主要结论可归纳如下：

　　第一，根据组织社会学的正当性理论，组织要想存续，必须获得利益相关者的认同、信任与支持，即具备组织正当性。已公布会计信息的遗漏、误导甚至造假，会降低利益相关者对公司的认可和信任，直接威胁组织正当性，加大公司获取资源的难度和成本。经验研究表明，会计重述的确引致了一系列不良后果，如导致公司股价下跌、资本成本上升、信贷成本增加、审计费用变高、股东诉讼等。为此，会计重述公司必须采取易为公众理解并认可的方式，对外传递公司正试图通过组织变化应对公司缺陷、重整旗鼓的信号，以修复正当性、重塑公信力。已有文献发现，公司与高管分离、将责任推给高管，是最直接且最有力的补救策略。因而本书通过研究会计重述对高管变更与高管薪酬的增量影响，探讨会计重述在公司治理方面的经济后果。

考虑到我国公司治理模式的特殊性，运用了结合我国情境进行改良的研究思路和方法，以总经理变更及其薪酬、董事长变更及其薪酬分别作为公司治理变化的代理变量进行 Logit 和 OLS 回归分析。还通过加入准则变迁因素，初步检验了《企业会计准则（2006）》对会计重述与高管变更及其薪酬敏感性的影响。结果显示：在其他条件一定的情况下，会计重述显著增加了总经理变更率，但对董事长变更不具有这种增量影响；会计重述显著降低了重述公司以及同类非重述公司高管的薪酬。

第二，无论会计重述公司是由于监管当局或资本市场压力而重塑形象，还是高管为应对解聘或降薪而采取新举措，都可能最终影响到会计重述后公司的财务状况和经营成果。本书从盈余持续性、盈余稳健性、应计质量这三个相互关联但视角迥异的盈余质量特征入手，考察重述公司在会计重述前后的盈余质量差异及其成因，以检验会计重述对盈余修正的短期和长期作用，继而有助于判断与会计重述相关的会计标准的制度效果。

盈余持续性检验的 3 个递进模型结果显示，会计重述前重述公司的盈余持续性不如非重述公司，但会计重述后两类公司盈余持续性的这种差异减弱甚至消失。这说明，重述公司在会计重述后的盈余持续性得到一定改善。毋庸置疑，高质量的盈余必然是可持续的，但可持续的盈余未必是高质量的，因为盈余中非持续部分可能由于人为操纵而变得平滑，因而从会计实现投资者保护的定价和治理功能考虑，又进一步检验了盈余稳健性。巴苏（1997）和 BS（2005）拓展模型检验结果显示，会计重述后重述公司的盈余变得更不稳健。对此可有两种解释：一是由于急于向外界传递改善信号，以丧失稳健性换取了持续性；二是稳健性强可能来自盈余管理，而会计重述后监管压力等使公司的这种盈余管理程度被削弱。为此，又进一步检验了应计质量。修正 DD 模型的分年分行业横截面回归结果表明，会计重述后重述公司的应计质量下降。这说明，会计重述后盈余持续性的改善并非真实良好业绩的体现，更可能是与使用应计项目进行盈余管理导致的业绩平滑有关。综上可见，会计重述制度只起到了表面督促作用，而未使会计重述公司的盈余质量得到实质性改进。

第三，根据行为金融学的直觉驱动偏差理论，具有有限注意力和有限理性的市场参与者，会对像会计重述这样的易得性和典型性的负面信息更为关注和敏感，质疑会计重述公司时也容易质疑同类非重述公司。又根据损失厌恶理论，相比由于低估同类非重述公司而导致投资机会流失，因高估同类非重述公司而造成的损失，是市场参与者更不能接受的。故对于会计重述信息而言，相比竞争效应，传染效应该占据主导。为此，在分析了短期信息传递效应模型在中国上市公司数据中的不适用性后，从投资和估值两个视角设计了互相印证的检验长期信息传递效应的方法予以证实。

估值模型检验的结果表明，会计重述导致了市场参与者重新评估之前重述公司与非重述公司的财务会计信息。即相比异类非重述公司，重述公司和同类非重述公司都被赋予了更高的权益账面价值定价乘数和更低的净利润定价乘数。投资模型检验的结果显示，重述公司在会计重述后 12 个月的累积买持超额回报显著低于异类非重述公司，但与同类非重述公司则无显著差异。两种方法的检验结果均证实：在中国情境下，相比竞争效应，会计重述信息的传染效应起着主导作用。另外，在基于会计重述特征的细分样本检验中发现，税类会计重述、由监管方发起的会计重述、欺诈类会计重述，其传染效应表现得更为明显。但是收入类和费用类会计重述、单一事项与多重事项的会计重述、公司控制人性质和层级不同的会计重述、公司所在行业竞争度不同的会计重述等，并未在各自比较中表现出显著差异。

7.2 政策启示与建议

第一，应着力完善会计重述相关标准的制定与执行。从基于准则变迁的中美会计重述特征比较，以及在实证分析中对准则前后期的对比检验可知，相较美国的《SOX 法案》，我国的《会计法》、《企业会计准则(2006)》及《上市公司信息披露编报规则》，无论是在规范制定还是监督执行方面都存在明显不足。一方面，从制定角度看，应该对会计重述的确认与披露进行详细规定，比如对会计重述呈报格式和内容予以统一，加大对重述发起方及重述原因的说明，同时披露会计重述前后的报表及标注重述部分。另外，应加大对会计差错的惩戒力度和对惩处规则的制定，明确企业管理层、审计师及其他相关人员的责任，使违规者的重述成本大于重述收益。谢德仁（2011）指出，资本市场监管规则是证监会与上市公司和资本市场参与者之间的一份公共合约，且证监会长期单方面拥有此合约的修订权，因而其比会计准则更有责任和能力去遏制上市公司的不良行为。基于此，重点从资本市场监管规则进行完善，可能会起到更有力的效果。另一方面，需要从执行角度予以改进。正如拉波塔、洛佩兹－德－瑟伦斯、施莱弗和维什尼（LaPorta, Lopez-de-Silanes, Shleifer & Vishny, 1998）所言，一个强有力的法律法规执行体系可以替代虚弱的法律法规本身[1]。为确保执行效率，首先应当确保信息传递渠道的畅通，保证信息的上传下达、反馈调整。其次有关证券监管机构应加强对上市公司有针对性地监管角度和力度，违法违规必须严格追究，并鼓励公司内部自查。再次，应充分发挥第三方审计的把关作用，使会计师事务所的审计师真正起到加强行业自律、帮助企业审阅财务报表等方面的实质作用，如对重述后的财务报表亦应经注册会计师签字后再对外发布。最后，还应建立健全违规、违约、侵权等的民事诉讼便捷渠道，以有利于各方利益相关者的协管监督。

第二，加强对会计重述公司的事前及时预警和事后追踪监督。一方面，证券监管部门应注意加强对会计盈余各组成部分及其特征的按时查阅与联合监控，尽力做到事前及时预警与更正。例如，本书在分别应计项目和现金流量对盈余质量进行经验分析时发现，相比非重述公司，重述公司在发生会计重述前的现金流量持续性显著更低。由此可初步判断，现金流量持续性高低与上市公司会计重述概率大小正相关。因而可通过对上市公司现金流量持续性的监测来对会计重述进行预警。另一方面，本书发现会计重述后重述公司在公司治理和盈余质量方面的改善，往往只是做表面文章，并未有实质性改良，故极有必要进行对重述公司尤其是盈余各部分的质量进行有针对性的事后长期追踪和持续监管，使会计重述公司的财务状况和经营成果得到实质改进，真正实现会计重述相关准则的制定初衷，从而最终有利于整个资本市场的发展与进步。

第三，培育和改良公司内外部治理生态。高质量的会计信息和可持续的公司发展，都是以高质量高效率的公司治理生态为基础。健康的公司治理生态表现为一种发现机制，可以有效约束公司信息的确认、计量和披

---

[1] 参见 LaPorta, R., F. Lopez-de-Silanes, et al. (1998). "Law and Finance." Journal of Political Economy 106 (6), P. 1140, "In principle, a strong system of legal enforcement could substitute for work rules."

露，确保对外呈报的会计信息的质量。公司治理生态，是以公司治理机制为基础，外加一个具有独立性的社会中介环节（如注册会计师、财务分析人员、投资银行家、监管机构等）组成的知识共同体（林钟高和徐虹，2007）。美国的安然、世通、施乐，以及我国的银广夏等公司的会计丑闻，都在很大程度上说明了公司治理生态的失衡和失效，导致了财务欺诈和会计重述的发生。因此，为了最大限度地降低公司财务错报尤其是故意以此作为盈余管理手段的发生概率，不仅要从准则制定和证券监督方面进行规范，也要重点强化公司内外部治理生态，培育完善的经理人市场，设置制衡关系和决策激励机制，通过健康的治理生态来保障资源配置效率和会计信息质量。

7.3　研究局限与未来研究方向

1. 主要研究局限

（1）在会计重述对高管影响的检验中，尽管已通过加入重要遗漏变量、固定效应回归等方法进行控制，但由于未找到适合的工具变量，因而只能减弱而未能消除内生性的影响，在一定程度上影响了结论的可靠性。另外，由于会计重述和高管变更的发生与公布都可能存在时间差，故在变更样本选择时难免会产生第Ⅰ类错误和第Ⅱ类错误。虽然本书仅选择了会计重述之后且较短期间内发生变更的高管作为研究样本，较大幅度地降低了第Ⅱ类错误的发生概率，但是对第Ⅰ类错误发生概率的减低作用有限，因此高管变更样本不可避免地存在一定的噪音。

（2）在盈余质量的测度方面，虽然选取了递进且具有代表性的3个质量特征来检验盈余质量，但是由于盈余指标质量不能完全准确代替盈余质量，难免存在些微偏差。

（3）由于经济后果涉及的范围极广、内容颇丰，即使本研究仅限定在公司层面，仍无法界定周延，且限于篇幅和论证思路的逻辑一贯性，在某些内容上可能存在涵盖不全的缺点。

2. 未来可能的研究方向

（1）对以上研究局限的改进。即发掘更为合理的盈余质量测度，从新的视角探讨会计重述公司层面的经济后果，利用联立方程模型、恰当的工具变量或自然实验等方法控制可能存在的内生性影响，都是未来可能的改进方向。

（2）传统的信息传递效应只关注了公司如何向市场传递信息这一个方向，忽视了市场如何向公司传递反馈信息这个方向。因而后续研究还可以从管理者市场学习理论等入手，来考察会计重述后市场传递出的反馈信息对公司生产、经营、投融资等决策的影响。

参 考 文 献

［1］蔡祥、张海燕：《资产减值准备的计提、追溯与市场效应》，载《中国会计与财务研究》，2004 年第 6 期，第 31～56 页。

［2］曹强、葛晓舰：《事务所任期、行业专门化与财务重述》，载《审计研究》，2009 年第 6 期，第 59～68 页。

［3］陈小悦、肖星、过晓艳：《配股权与上市公司利润操纵》，载《经济研究》，2000 年第 1 期，第 30～36 页。

［4］戴晓娟：《盈余管理、盈余持续性和盈余质量——评"增长、盈余管理和应计持续性"》，载《中国会计评论》，2005 年第 3 期，第 213～216 页。

［5］樊行健、郑珺：《非经常性损益的列报：理论、准则与分析》，载《会计研究》，2009 年第 11 期，第 36～43 页。

［6］葛家澍：《财务会计概念框架研究的比较与综评》，载《会计研究》，2004 年第 6 期，第 3～10 页。

［7］赫什·舍夫林：《超越恐惧和贪婪：行为金融学与投资心理诠释》，上海财经大学出版社 2005 年版。

［8］何威风、刘启亮：《我国上市公司高管背景特征与财务重述行为研究》，载《管理世界》，2010 年第 7 期，第 144～155 页。

［9］何威风：《财务重述与银行贷款》，珞珈青年学者经济与管理论坛，http://ems.whu.edu.cn/ljqnlt/2010-05-18/67.html 2010。

［10］黄志忠、白云霞、李畅欣：《所有权、公司治理与财务报表重述》，载《南开管理评论》，2010 年第 5 期，第 45～52 页。

［11］姜英兵、崔刚、汪要文：《上市公司财务报表重述的趋势与特征：2004～2008》，载《上海立信会计学院学报》（双月刊），2010 年第 2 期，第 17～27 页。

［12］杰米·帕拉特著，来明佳、彭红英、徐虹等译：《经济环境下的财务会计（第 6 版）》（Jamie Pratt, Financial Accounting in an Economic Context, 6th Edition），机械工业出版社 2009 年版。

［13］金智、柳建华、陈辉：《信息披露监管的外部性——同行信息传递与市场学习》，载《中国会计评论》，2011 年第 9 期，第 225～250 页。

［14］李宇：《中国上市公司会计差错的发生动因研究》，重庆大学硕士学位论文，2005 年。

［15］李增泉、孙铮：《制度、治理与会计——基于中国制度背景的实证会计研究》，格致出版社、上海人民出版社 2009 年版。

［16］林钟高、徐虹：《会计准则研究：性质、制定与执行》，经济管理出版社 2007 年版。

［17］毛新述：《中国上市公司盈余稳健性研究》，经济科学出版社 2009 年版。

［18］OECD（经合组织）：《中国农业政策回顾与评价》，中国经济出版社 2005 年版。

［19］饶品贵、姜国华：《货币政策波动、银行信贷与会计稳健性》，载《金融研究》，2011 年第 3 期，第 51～71 页。

［20］孙谦：《盈余持续性研究综述及启示》，载《厦门大学学报（哲学社会科学版）》，2010 年第 1 期，第 30～37 页。

［21］魏志华、李常青、王毅辉：《中国上市公司年报重述分析：1999～2007》，载《证券市场导报》，2009 年第 6 期，第 31～38 页。

［22］魏志华、李常青、王毅辉：《中国上市公司年报重述公告效应研究》，载《会计研究》，2009 年第 8 期，第 31～39 页。

［23］瓦茨、齐默尔曼：《实证会计理论》，中国人民大学出版社 1986 年版。

［24］王俊秋、张奇峰：《政府控制、制度环境与上市公司财务重述行为》，载《经济管理》，2010 年第 4 期，第 11～19 页。

［25］王克敏、廉鹏、向阳：《上市公司"出身"与盈余质量研究》，载《中国会计评论》，2009 年第 1 期，第 3～28 页。

［26］王霞、张为国：《财务重述与独立审计质量》，载《审计研究》，2005 年第 3 期，第 56～61 页。

[27] 王霞、薛爽：《财务重述、盈余质量与市场认知的系统性偏差》，载《中国会计评论》，2010 年第 4 期，第 399～414 页。

[28] 吴国清：《盈利持续性、盈利预期与股票估值》，清华大学管理学博士学位论文，2007 年。

[29] 吴文锋、吴冲锋、芮萌：《中国上市公司高管的政府背景与税收优惠》，载《管理世界》，2009 年第 3 期，第 134～142 页。

[30] 谢德仁：《会计准则、资本市场监管规则与盈余管理之遏制：来自上市公司债务重组的经验证据》，载《会计研究》，2011 年第 3 期，第 19～26 页。

[31] 谢羽婷：《财务重述报告公布的及时性与时机选择研究》，暨南大学博士学位论文，2010 年。

[32] 辛清泉：《会计盈余质量：理论分析与经验证据》，福州大学硕士学位论文，2004 年。

[33] 杨德明、林斌、辛清泉：《盈利质量、投资者非理性行为与盈余惯性》，载《金融研究》，2007 年第 2 期，第 122～132 页。

[34] 杨忠莲、杨振慧：《独立董事与审计委员会执行效果研究——来自报表重述的证据》，载《审计研究》，2006 年第 2 期，第 81～85 页。

[35] 于鹏：《股权结构与财务重述：来自上市公司的证据》，载《经济研究》，2007 年第 9 期，第 134～144 页。

[36] 张为国、王霞：《中国上市公司会计差错的动因分析》，载《会计研究》，2004 年第 4 期，第 24～29 页。

[37] 中国证监会会计部：《把握会计准则规定实质，提升财务信息披露质量——2010 年上市公司执行企业会计准则监管报告》，http：//www. gov. cn/gzdt/2011 –07/25/content_1913690. htm 2011。

[38] 周濂：《现代政治的正当性基础》，生活·读书·新知三联书店2008 年版。

[39] 周雪光：《组织社会学十讲》，中国社会科学文献出版社 2003 年版。

[40] Abadie A, Drukker D, Herr J L, Imbens G W. Implementing Matching Estimators for Average Treatment Effects in Stata. The Stata Journal 2004：4 (3)：290 –311.

［41］ Abadie A, Imbens G W. Large Sample Properties of Matching Estimators for Average Treatment Effects. Econometrica 2006：74（1）：235 – 267.

［42］ Abbott L J, Parker S, Peters G F. Audit Committee Characteristics and Financial Misstatement：A Study of the Efficacy of Certain Blue Ribbon Committee Recommendations. SSRN Working Paper Series 2002.

［43］ Aier J K, Comprix J, Gunlock M T, Lee D. The Financial Expertise of CFOs and Accounting Restatements. Accounting Horizons 2005：19（3）：123 – 135.

［44］ Agrawal A, Chadha S. Corporate Governance and Accounting Scandals. Journal of Law and Economics 2005：48（2）：371 – 406.

［45］ Aharony J, Swary I. Contagion Effects of Bank Failures：Evidence from Capital Markets. Journal of Business 1983：56（3）：305 – 322.

［46］ Ahmed K, Goodwin J. An Empirical Investigation of Earnings Restatements by Australian Firms. Journal of Accounting and Finance 2007：47：1 – 22.

［47］ Amoah N Y. Restatements and Shareholder Litigation：the Role of Equity Compensation and Corporate governance. Doctorial Dissertation of Morgan State University 2008.

［48］ Anderson K L, Yohn T L. The Effect of 10 – K Restatements on Firm Value, Information Asymmetries, and Investors' Reliance on Earnings. Working Paper, Georgetown University 2002.

［49］ Akhigbe A, Madura J. Intra-industry Signals Embedded in Bank Acquisition Announcements. Journal of Banking & Finance 1999：23（11）：1637 – 1654.

［50］ Akhigbe A, Madura J. Industry Signals Relayed by Corporate Earnings Restatements. Financial Review 2008：43（4）：569 – 589.

［51］ Archambeault D S, Dezoort F T, Hermanson D R. Audit Committe Incentive Compensation and Accounting Restatements. Contemporary Accounting Research 2008：25（4）：965 – 92.

［52］ Arthaud-day M L, Certo S T, Dalton C M, Dalton D R. A Changing of the Guard：Executive and Director Turnover Following Corporate Financial Restatements. Academy of Management Journal 2006; 49 (6); 1119 – 1136.

[53] Baber W R, Kang S – H, Kumar K R. Accounting Earnings and Executive Compensation; the Role of Earnings Persistence. Journal of Accounting and Economics 1998; 25; 169 – 193.

[54] Baber W R, Kang S – H, Liang L. Strong Boards, Management Entrenchment, and Accounting Restatement. Working Paper, The George Washington University 2005.

[55] Badertscher B, Phillips J, Pincus M, Rego S O. Evidence on Motivations for Downward Earnings Management. Working Paper Series 2009; http: //ssrn. com/abstract = 921422.

[56] Ball R, Watts R. Some Time Series Properties of Accounting Income. The Journal of Finance 1972; 27 (2); 663 – 681.

[57] Ball R, S P Kothari, Robin A. The Effect of International Institutional Factors on Properties of Accounting Earnings. Journal of Accounting and Economics 2000; 29; 1 – 51.

[58] Ball R, Robin A, Wu J S. Incentives Versus Standards; Properties of Accounting Income in Four East Asian Countries. Journal of Accounting and Economics 2003; 36; 235 – 270.

[59] Ball R, Shivakumar L. Earnings Quality in UK Private Firms; Comparative Loss Recognition Timeliness. Journal of Accounting and Economics 2005; 39; 83 – 128.

[60] Ball R, Bushman R M, Vasvari F P. The Debt-Contracting Value of Accounting Information and Loan Syndicate Structure. Journal of Accounting Research 2008; 46 (2); 247 – 287.

[61] Basu S. The Conservatism Principle and the Asymmetric Timeliness of earnings. Journal of Accounting and Economics 1997; 24; 3 – 37.

[62] Barniv R R, Cao J. Does Information Uncertainty Affect Investors' Responses to Analysts' Forecast Revisions? An Investigation of Accounting Restatements. Journal of Accounting and Public Policy 2009 (28); 328 – 348.

[63] Barth M E, Beaver W H, Landsman W R. Relative Valuation Roles

of Equity Book Value and Net Income as a Function of Financial Health. Journal of Accounting and Economics 1998 (25): 1 – 34.

[64] Beasley M S. An Empirical Analysis of the Relation Between the Board of Director Composition and Financial Statement Fraud. The Accounting Review 1996: 71 (4): 443 – 465.

[65] Beaver W H, Ryan S G. Conditional and Unconditional Conservatism: Concepts and Modeling, Review of Accounting Studies 2005: 10 (2 – 3): 269 – 309.

[66] Beneish M D. Incentives and Penalties Related to Earnings Overstatements that Violate GAAP. The Accounting Reveiw 1999: 74 (4): 425 – 457.

[67] Bolton P, Scharfstein D S. A Theory of Predation Based on Agency Problems in Financial Contracting. The American Economic Review 1990: 80 (1): 93 – 106.

[68] Brief R P. Nineteenth Century Accounting Error. Journal of Accounting Research 1965: 3 (1): 12 – 31.

[69] Brooks L D, Buckmaster D A. Further Evidence of the Time Series Properties of Accounting Income. The Journal of Finance 1976: XXXI (5): 1359 – 1373.

[70] Burns N, Kedia S. The Impact of Performance-based Compensation on Misreporting. Journal of Financial and Economics 2006: 79: 35 – 67.

[71] Burns N, Kedia S. Executive Option Exercises and Financial Misreporting. Journal of Banking and Finance 2008 (32): 845 – 857.

[72] Burks J J. Sarbanes-Oxley and the Effect of Restatements on CEO and CFO Compensation and Turnover. Doctorial Dissertation of the University of Iowa 2007.

[73] Burks J J. Disciplinary Measures in Response to Restatements after Sarbanes-Oxley. Journal of Accounting and Public Policy 2010: 29: 195 – 225.

[74] Callen J L, Robb S W G, Segal D. Revenue Manipulation and Restatements by Loss Firms. Auditing: A Journal of Practice & Theory, Forthcoming 2004.

[75] Callen J L, Livnat J, Segal D. Accounting Restatements: Are They

Always Bad News for Investors? Journal of Investing 2006: 15 (3): 57 - 68.

[76] Chan K H, Lin K Z, Mo P L L. An Empirical Study on the Impact of Culture on Audit-Detected Accounting Errors. Journal of Practice & Theory 2003: 22 (2): 281 - 295.

[77] Chaney P K, Lewis C M. Earnings Management and Firm Valuation under Asymmetric Information. Journal of Corporate Finance 1995: 1 (3 - 4): 319 - 345.

[78] Chaney P K, Faccio M, Parsley D. The Quality of Accounting Information in Politically Connected Firms. Journal of Accounting and economics 2011: 51 (1 - 2): 58 - 76.

[79] Chang C - C, Lin C - J, Wang V S P. Do Firms Adopt More Conservative Earnings Reporting Strategies after Restatements? Working Paper Series No. 2011 - 1.

[80] Clinch G J, Sinclair N A. Intra-industry Information Releases: A Recursive Systems Approach. Journal of Accounting and Economics 1987: 9 (1): 89 - 106.

[81] Collins D, Reitenga A L, Sanchez J M. The Impact of Accounting Restatements on CFO Turnover and Bonus Compensation: Does Securities Litigation Matter? Advances in Accounting, Incorporating Advances in International Accounting 2008 (24): 162 - 171.

[82] Collins D, Masli A, Reitenga A L, Sanchez J M. Earnings Restatements, the Sarbanes-Oxley Act, and the Disciplining of Chief Financial Officers. Journal of Accounting, Auditing and Finance 2009: 24 (1): 1 - 34.

[83] Cullinan C P, Du H, Wright G B. A Test of the Loan Prohibition of the Sarbanes-Oxley Act: Are Firms that Grant Loans to Executives More Likely to Misstate Their Financial Results? Journal of Accounting and Public Policy 2006 (25): 485 - 497.

[84] Dacin M T, Oliver C, Roy J - P. The Legitimacy of Strategic Alliances: An Institutional Perspective. Strategic Management Journal 2007: 28 (2): 169 - 187.

[85] Dechow P M. Accounting Earnings and Cash Flows as Measures of

Firm Performance: the Role of Accounting Accruals. Journal of Accounting and Economics 1994: 18: 3 –42.

[86] Dechow P M, Sloan R G, P. Sweeney A. Detecting Earning Management. The Accounting Review 1995: 70 (2): 193 –225.

[87] Dechow P M, Sloan R G, Sweeney A P. Causes and Consequences of Earnings Manipulation: An Analysis of Firms Subject to Enforcement Actions by the SEC. Contemporary Accounting Research 1996: 13 (1): 1 –36.

[88] Dechow P M, Kothari S P, Watts R L. The Relation Between Earnings and Cash Flows. Journal of Accounting and Economics 1998: 25 (2): 133 –168.

[89] Dechow P M, Dichev I D. The Quality of Accruals and Earnings: the Role of Accrual Estimation Errors. The Accounting Reveiw 2002: 77: 35 – 59.

[90] DeFond M L, Jiambalvo J. Incidence and Circumstances of Accounting Errors. The Accounting Review 1991: 66 (3): 643 –655.

[91] Degeorge F, Patel J, Zeckhauser R. Earnings Management to Exceed Thresholds. Journal of Business 1999: 72 (1): 1 –33.

[92] Desai H, Hogan C E, Wilkins M S. The Reputational Penalty for Aggressive Accounting: Earnings Restatements and Management Turnover. The Accounting Review 2006: 81 (1): 83 –112.

[93] Desai H, Krishnamurthy S, Venkataraman K. Do Short Sellers Target Firms with Poor Earnings Quality Evidence from Earnings Restatements. Review of Accounting Studies 2006: 11: 71 –90.

[94] Dhaliwal D S, Huang S X, Khurana I K, Pereira R. Product Market Competition and Accounting Conservatism. SSRN Working Paper Series 2008.

[95] Doyle J, Ge W, McVay S. Determinants of Weaknesses in Internal Control over Financial Reporting. Journal of Accounting and Economics 2007: 44: 193 –223.

[96] Efendi J, Srivastava A, Swanson E P. Why Do Corporate Managers Misstate Financial Statements? The Role of Option Compensation and Other Factors. Journal of Financial and Economics 2007: 85: 667 –708.

[97] Elgers P T, Lo M H. Reductions in Analysts' Annual Earnings Forecast Errors Using Information in Prior Earnings and Security Returns. Journal of Accounting Research 1994: 32 (2): 290 – 303.

[98] Erwin G R, Miller J M. The Intra-industry Effects of Open Market Share Repurchases: Contagion or Competitive? Journal of Financial Research 1998: 21 (4): 389 – 406.

[99] Ettredge M, Huang Y, Zhang W. Earnings Restatements and Basu-based Conservatism. Working Paper Series 2011.

[100] Fama E F, French K R. Forecasting Profitability and Earnings. Journal of Business 2000: 73 (3): 161 – 175.

[101] Farber D B. Restoring Trust after Fraud: Does Corporate Governance Matter? . The Accounting Review 2005: 80 (2): 539 – 561.

[102] Feldmann D A, Read W J, Abdolmohammadi M J. Financial Restatements, Audit Fees, and the Moderating Effect of CFO Turnover. Auditing: A Journal of Practice and Theory 2009: 28 (1): 205 – 223.

[103] Feltham G A, Ohlson J A. Valuation and Clean Surplus Accounting for Operating and Financial Activities. Contemporary Accounting Research 1995: 11 (2): 689 – 731.

[104] Ferris S P, Jayaraman N, Makhija A K. The Response of Competitors to Announcements of Bankruptcy: An Empirical Examination of Contagion and Competitive Effects. Journal of Corporate Finance 1997: 3 (4): 367 – 395.

[105] Files R, Swanson E P, Tse S. Stealth Disclosure of Accounting Restatements. The Accounting Review 2009: 84 (5): 1495 – 1520.

[106] Francis J, Olsson P, Schipper K. Earnings Quality. Foundations and Trends in Accounting 2006: 1 (4): 259 – 340.

[107] Francis J R, Martin X. Acquisition Profitability and Timely Loss Recognition. Journal of Accounting and economics 2010: 49 (1 – 2): 161 – 178.

[108] Freeman R N, Ohlson J A, Penman S H. Book Rate-of-Return and Prediction of Earnings Changes: An Empirical Investigation. Journal of Account-

ing Research 1982: 20 (2): 639 – 653.

[109] Freeman R, Tse S. An Earnings Prediction Approach to Examining Intercompany Information Transfers. Journal of Accounting and Economics 1992: 15 (4): 509 – 523.

[110] Foster G. Intra-industry Information Transfers Associated with Earnings Releases. Journal of Accounting and Economics 1981: 3 (3): 201 – 232.

[111] Fox H W. Statistical Error Concepts Related to Accounting The Accounting Reveiw 1961: 36 (2): 282 – 284.

[112] Francis J, LaFond R, Olsson P M, Schipper K. Costs of Equity and Earnings Attributes. The Accounting Review 2004: 79 (4): 967 – 1000.

[113] GAO. Financial Restatements: Update of Public Company Trends, Market Impacts, and Regulatory Enforcement Activities. Washington D. C. 2007: GAO – 06 – 678.

[114] Gertsen F H M, Riel CBMv, Berens G. Avoiding Reputation Damage in Financial Restatements. Long Range Planning 2006 (39): 429 – 456.

[115] Givoly D, Hayn C. The Changing Time-series Properties of Earnings, Cash Flows and Accruals: Has Financial Reporting Become More Conservative? Journal of Accounting and Economics 2000: 29: 287 – 320.

[116] Gleason C A, Jenkins N T, Johnson W B. The Contagion Effects of Accounting Restatements. The Accounting Review 2008: 83 (1): 83 – 110.

[117] Graham J R, Harvey C R. The Theory and Practice of Corporate Finance: Evidence From the Field. Journal of Financial Economics 2001: 60 (2 – 3): 187 – 243.

[118] Gordon E A, Henry E, Peytcheva M, Sun L. Disclosure Credibility and Market Reaction to Restatements. Working Paper Series 2008.

[119] Gonen I. Intra-Industry Effects of Corrective Disclosures: Is Mistrust Contagious. Working Paper, New York University, The Leonard N. Stern School of Business 2003.

[120] Graham J R, Li S, Qiu J. Corporate Misreporting and Bank Loan Contracting. Journal of Financial and Economics 2008: 89: 44 – 61.

[121] Gunther J W, Moore R R. Loss Underreporting and the Auditing

Role of Bank Exams. Journal of Financial Intermediation 2003: 12: 153 – 177.

[122] Ham J, Losell D, Smieliauskas W. An Empirical Study of Error Characteristics in Accounting Populations. The Accounting Review 1985: 60 (3): 387 – 406.

[123] Hee K W. Earnings Persistence of Restating Firms: Should All Earnings Restatements be Treated Equally. Doctorial Dissertation of the University of Colorado 2008.

[124] Hicks J R. Value and Capital. Oxford: Clarendon Press 1946.

[125] Hirschey M, Palmrose Z, Scholz S. Long-term Market Underreaction to Accounting Restatements. Working Paper, University of Kansas, School of Business 2003.

[126] Hribar P, Collins D W. Errors in Estimating Accruals: Implications for Empirical Research. Journal of Accounting Research 2002: 40 (1): 105 – 134.

[127] Hribar P, Jenkins N T. The Effect of Accounting Restatements on Earnings Revisions and the Estimated Cost of Capital. Review of Accounting Studies 2004: 9: 337 – 356.

[128] Hodge F D, Kennedy J J, Maines L A. Does Search-Facilitating Technology Improve the Transparency of Financial Reporting? The Accounting Reveiw 2004: 79 (3): 687 – 703.

[129] Huang R, Shangguan Z, Vasudevan G. Do Firms Become More Conservative After Financial Restatements? International Journal of Accounting and Finance 2009: 1 (4): 375 – 394.

[130] Jones J J. Earnings Management During Import Relief Investigation. Journal of Accounting Research 1991: 29 (2): 193 – 228.

[131] Kahneman D, Tversky A. Prospect Theory: An Analysis of Decision under Risk. Econometrica 1979: 47 (2): 263 – 292.

[132] Karpoff J M, Lee D S, Martin G S. The Consequences to Managers for Financial Misrepresentation. Journal of Financial and Economics 2008 (88): 193 – 215.

[133] Kasznik R. Discussion of "The Effect of Accounting Restatements

on Earnings Revisions and the Estimated Cost of Capital". Review of Accounting Studies 2004: 9: 357 – 367.

[134] Kinney W R, McDaniel L S. Characteristics of Firms Correcting Previously Reported Quarterly Earnings. Journal of Accounting and Economics 1989: 11 (1): 71 – 93.

[135] Kinney W R, Palmrose Z – V, Scholz S. Auditor Independence, Non-Audit Services, and Restatements: Was the U. S. Government Right. Journal of Accounting Research 2004: 42 (3): 561 – 588.

[136] Khan M, Watts R L. Estimation and Empirical Properties of a Firm-year Measure of Accounting Conservatism. Journal of Accounting and Economics 2009: 48: 132 – 150.

[137] Kravet T, Shevlin T. Accounting Restatements and Information Risk. Review of Accounting Studies 2006: 15 (2): 264 – 294.

[138] LaFond R, Roychowdhury S. Managerial Ownership and Accounting Conservatism. Journal of Accounting Research 2008: 46 (1): 101 – 135.

[139] LaFond R, Watts R L. The Information Role of Conservative Financial Statements. The Accounting Review 2008: 83: 447 – 479.

[140] Land J. CEO Turnover Following Earnings Restatements. Doctorial Dissertation of the University of North Carolina 2005.

[141] Lang L H P, Stulz R. Contagion and Competitive Intra-industry Effects of Bankruptcy Announcements: An Empirical Analysis. Journal of Financial Economics 1992: 32 (1): 45 – 60.

[142] LaPorta R, Lopez-de-Silanes F, Shleifer A, Vishny R W. Law and Finance. Journal of Political Economy 1998: 106 (6): 1113 – 1155.

[143] Leuz C, Nanda D, Wysocki P D. Earnings Management and Investor Protection: An International Comparison. Journal of Financial Economics 2003: 69 (3): 505 – 527.

[144] Lev B, Ryan S G, Wu M. Rewriting Earnings History. Review of Accounting Studies 2008: 13 (4): 419 – 451.

[145] Li O Z, Zhang Y. Financial Restatement Announcements and Insider Trading. Working Paper Series, Columbia University, Columbia Business

School 2006.

[146] Li C, Sun L, Ettredge M. Financial Executive Qualifications, Financial Executive Turnover, and Adverse SOX 404 Opinions. Journal of Accounting and Economics 2010: 50 (1): 93 – 110.

[147] Lipe R. The Relation Between Stock Returns and Accounting Earnings Given Alternative Information. The Accounting Reveiw 1990: 65 (1): 49 – 71.

[148] Liu L – L, Raghunandan K, Rama D. Financial Restatements and Shareholder Ratifications of the Auditor. Auditing: A Journal of Practice and Theory 2009: 28 (1): 225 – 240.

[149] Mackinlay A C. Event Studies in Economics and Finance. Journal of Economic Literature 1997: XXXV (March): 13 – 39.

[150] McNichols M F. Discussion of Quality of Accruals and Earnings: the Role of Accrual Estimation Errors. The Accounting Reveiw 2002: 77: 61 – 69.

[151] Margetis S L. Two Essays on Earnings Management: Earnings Management Surrounding Straight and Convertible Debt, and the Intra-Industry Contagion Effect of Earnings Restatements. Doctorial Dissertation of the University of South Florida 2004.

[152] Meyer J W, Rowan B. Institutionalized Organizations: Formal Structure as Myth and Ceremony. American Journal of Sociology 1977: 83 (2): 340 – 363.

[153] Moses O D. Income Smoothing and Incentives: Empirical Tests Using Accounting Changes. The Accounting Review 1987: 62 (2): 358 – 377.

[154] Newberry K, Parthasarathy K. The Impact of Financial Restatements on Debt Markets. Working Paper Series 2007.

[155] Ohlson J A. Earnings, Book Values, and Dividends in Equity Valuation. Contemporary Accounting Research 1995: 11 (2): 661 – 687.

[156] Ohlson J A. Earning, Book Values, and Dividends in Equity Valuation: An Empirical Perspective. Contemporary Accounting Research 2001: 18 (1): 107 – 120.

[157] Owers J E, Lin C – M, Rogers R C. The Informational Content and Valuation Ramifications of Earnings Restatements. International Business and Economics Research Journal 2002: 1 (5): 71 – 84.

[158] Paul J W. Do Timely Interim Reviews Lessen Accounting Error. Financial Analysts Journal 1986: 42 (4): 70 – 73.

[159] Palmrose Z – V, Richardson V J, Scholz S. Determinants of Market Reactions to Restatement Announcements. Journal of Accounting and Economics 2004: 37: 59 – 89.

[160] Pfeffer J, Salancik G R. The External Control of Organizations: a Resource Dependence Perspective. New York: Harper & Row 1978.

[161] Pyo Y, Lustgarten S. Differential Intra-industry Information Transfer Associated with Management Earnings Forecasts. Journal of Accounting and Economics 1990: 13 (4): 365 – 379.

[162] Raghunandan K, Read W J, Whisenant J S. Initial Evidence on the Association between Nonaudit Fees and Restated Financial Statements. Accounting Horizons 2004: 17 (3): 223 – 234.

[163] Ramage J G, Krieger A M, Spero L L. An Empirical Study of Error Characteristics in Audit Populations. Journal of Accounting Research 1979: 17: 72 – 102.

[164] Richardson S A, Tuna A I, Wu M. Predicting Earnings Management: The Case of Earnings Restatements. Working Paper Series 2002.

[165] Richardson S A. Discussion of Consequences of Financial Reporting Failure for Outside Directors: Evidence from Accounting Restatements and Audit Committee Members. Journal of Accounting Research 2005: 43 (2): 335 – 342.

[166] Romanus R N, Maher J J, Fleming D M. Auditor Industry Specialization, Auditor Changes, and Accounting Restatements. Accounting Horizons 2008: 22 (4): 389 – 413.

[167] Ronen J, Sadan S. Classificatory Smoothing: Alternative Income Models. Journal of Accounting Research 1975: 13 (1): 133 – 149.

[168] Roychowdhury S. Discussion of: "Acquisition profitability and timely

loss recognition" by J. Francis and X. Martin. Journal of Accounting and economics 2010: 49 (1 – 2): 179 – 183.

[169] Salavei K. Implications of Mistakes in Financial Statements for Short-and Long-Run Return. Doctorial Dissertation of the University of Connecticut 2007.

[170] Schipper K, Vincent L. Earnings Quality. Accounting Horizons 2003: 17: 97 – 110.

[171] Scholz S. The Changing Nature and Consequences of Public Company Financial Restatements: 1997 – 2006. The Department of the Treasury, U. S. 2008.

[172] Scott W R. Institutions and Organizations. Thousand Oaks, CA: Sage Publication 1995.

[173] Singh J V, Tucker D J, House R J. Organizational Legitimacy and the Liability of Newness. Administrative Science Quarterly 1986: 31 (2): 171 – 193.

[174] Sloan R G. Do Stock Prices Fully Reflect Information in Accruals and Cash Flows about Future Earnings? The Accounting Review 1996: 71 (3): 289 – 315.

[175] Slovin M B, Sushka M E, Polonchek J A. An Analysis of Contagion and Competitive Effects at Commercial Banks. Journal of Financial Economics 1999: 54 (2): 197 – 225.

[176] Srinivasan S. Consequences of Financial Reporting Failure for Outside Directors: Evidence from Accounting Restatements and Audit Committee Members. Journal of Accounting Research 2005: 43 (2): 291 – 334.

[177] Stalebrink O J, Sacco J F. Rationalization of Financial Statement Fraud in Government: An Austrian Perspective. Critical Perspectives on Accounting 2007 (18): 489 – 507.

[178] Stanley J D, DeZoort F T. Audit Firm Tenure and Financial Restatements: An Analysis of Industry Specialization and Fee Effects. Journal of Accounting and Public Policy 2007 (26): 131 – 159.

[179] Suchman M C. Managing Legitimacy: Strategic and Institutional Approaches. The Academy of Management Review 1995: 20 (3): 571 – 610.

[180] Thompson J H, Larson G M. An Analysis of Restatements on Financial Reporting: Is the Loss of Investor Confidence Justified? . Research in Accounting Regulation 2004: 17: 67 – 85.

[181] Wang D. Founding Family Ownership and Earnings Quality. Journal of Accounting Research 2006: 44 (3): 619 – 655.

[182] Watts R L. Conservatism in Accounting Part I: Explanations and Implications. Accounting Horizons 2003a: 17 (3): 207 – 221.

[183] Watts R L. Conservatism in Accounting Part II: Evidence and Research Opportunities. Accounting Horizons 2003b: 17 (4): 287 – 301.

[184] Wilson W M. The Information Content of Earnings Following Restatements. Doctorial Dissertation of the University of North Carolina 2005.

[185] Xu T. Valuation Effects of Earnings Restatements Due to Accounting Irregularities. Doctorial Dissertation of the Old Dominion University 2005.

[186] Xu T, Najand M, Ziegenfuss D. Intra-Industry Effects of Earnings Restatements Due to Accounting Irregularities. Journal of Business Finance and Accounting 2006: 33 (5&6): 696 – 714.

[187] Zhang S. Accounting Restatements and the Cost of Debt Capital. Doctorial Dissertation of the University of California 2006.

[188] Zimmerman M A, Zeitz G J. Beyond Survival: Achieving New Venture Growth by Building Legitimacy. The Academy of Management Review 2002: 27 (3): 414 – 431.

[189] Zhu Z. Financial Restatements Implications for Management Earnings Forecasts. Doctorial Dissertation of the George Washington University 2010.

附　　录

附录一：中美重述公司行业名称和代码说明

表1 美国重述公司行业名称及代码说明

行业全称	行业简称	SIC 行业代码
农业、建筑业、采掘业	农业	0000~1999
制造业	制造	2000~3999（技术业和生物技术业除外）
生物技术业	生物	2834~2836
技术业	技术	3570~3579，7370~7379
运输业	运输	4000~4799
通信业	通信	4800~4899
公用事业	公用	4900~4999
批发零售业	批零	5000~5999
金融业	金融	6000~6999
服务业	服务	7000~8999（技术业除外）

表2 中国上市公司行业名称及代码说明（证监会2001）

全称	简称	代码	全称		简称	代码
农林牧渔业	农业	A	制造业		制造	C
采掘业	采掘	B		食品、饮料	食品	C0
电力、煤气及水的生产和供应业	电煤	D		纺织、服装、皮毛	纺织	C1
建筑业	建筑	E	制造业子类	木材、家具	木材	C2
交通运输、仓储业	运输	F		造纸、印刷	造纸	C3
信息技术业	技术	G		石油、化学、塑胶、塑料	石化	C4
批发和零售贸易	批零	H		电子	电子	C5
金融保险业	金融	I		金属、非金属	金属	C6
房地产业	地产	J		机械、设备、仪表	机械	C7
社会服务业	服务	K				
传播与文化产业	传播	L				
综合类	综合	M				

附录二：与会计重述特征相关的图表

表3　　　　1997~2006年美国重述上市公司数量分行业分年度统计表

每年绝对数	1997年	1998年	1999年	2000年	2001年	2002年	2003年	2004年	2005年	2006年	全样本期
农业	2	4	6	7	31	34	41	50	69	75	319
制造业	24	30	62	53	111	114	163	197	307	311	1372
技术业	15	40	61	46	57	67	77	86	109	110	668
运输业	0	0	5	8	7	9	15	17	17	19	97
通信业	2	3	5	8	25	21	34	50	55	48	251
公用事业	2	1	6	6	10	23	48	43	46	29	214
批发零售业	11	11	16	9	33	53	57	74	197	104	565
金融业	10	18	20	18	41	63	83	93	147	124	617
服务业	10	6	30	19	51	61	80	95	121	130	603
生物技术	5	1	5	11	18	23	24	39	34	39	199
未知	0	0	0	2	2	0	1	6	4	3	18
合计	81	114	216	187	386	468	623	750	1106	992	4923
每年相对数	1997年	1998年	1999年	2000年	2001年	2002年	2003年	2004年	2005年	2006年	全样本期
农业	2.47%	3.51%	2.78%	3.74%	8.03%	7.26%	6.58%	6.67%	6.24%	7.56%	6.48%
制造业	29.63%	26.32%	28.70%	28.34%	28.76%	24.36%	26.16%	26.27%	27.76%	31.35%	27.87%
技术业	18.52%	35.09%	28.24%	24.60%	14.77%	14.32%	12.36%	11.47%	9.86%	11.09%	13.57%
运输业	0.00%	0.00%	2.31%	4.28%	1.81%	1.92%	2.41%	2.27%	1.54%	1.92%	1.97%
通信业	2.47%	2.63%	2.31%	4.28%	6.48%	4.49%	5.46%	6.67%	4.97%	4.84%	5.10%
公用事业	2.47%	0.88%	2.78%	3.21%	2.59%	4.91%	7.70%	5.73%	4.16%	2.92%	4.35%
批发零售业	13.58%	9.65%	7.41%	4.81%	8.55%	11.32%	9.15%	9.87%	17.81%	10.48%	11.48%

每年绝对数	1997年	1998年	1999年	2000年	2001年	2002年	2003年	2004年	2005年	2006年	全样本期
金融业	12.35%	15.79%	9.26%	9.63%	10.62%	13.46%	13.32%	12.40%	13.29%	12.50%	12.53%
服务业	12.35%	5.26%	13.89%	10.16%	13.21%	13.03%	12.84%	12.67%	10.94%	13.10%	12.25%
生物技术	6.17%	0.88%	2.31%	5.88%	4.66%	4.91%	3.85%	5.20%	3.07%	3.93%	4.04%
未知	0.00%	0.00%	0.00%	1.07%	0.52%	0.00%	0.16%	0.80%	0.36%	0.30%	0.37%
合计	100.00%	100.00%	100.00%	100.00%	100.00%	100.00%	100.00%	100.00%	100.00%	100.00%	100.00%

表4   2005~2010年中国重述上市公司数量分行业分年度统计表（相对数）

行业名称	2005年	2006年	2007年	2008年	2009年	2010年	全样本期
农业	1.67%	5.06%	1.49%	5.88%	0.00%	3.53%	2.83%
采掘	0.00%	1.27%	0.00%	0.00%	0.00%	3.53%	0.94%
制造	45.00%	45.57%	61.19%	45.10%	30.49%	63.53%	48.58%
电煤	6.67%	11.39%	5.97%	3.92%	3.66%	5.88%	6.37%
建筑	1.67%	0.00%	1.49%	0.00%	1.22%	1.18%	0.94%
运输	6.67%	1.27%	2.99%	1.96%	1.22%	0.00%	2.12%
技术	1.67%	6.33%	7.46%	3.92%	6.10%	5.88%	5.42%
批零	10.00%	5.06%	2.99%	9.80%	7.32%	3.53%	6.13%
金融	1.67%	0.00%	1.49%	3.92%	1.22%	0.00%	1.18%
地产	13.33%	15.19%	10.45%	15.69%	23.17%	4.71%	13.68%
服务	6.67%	0.00%	0.00%	0.00%	7.32%	2.35%	2.83%
传播	0.00%	1.27%	0.00%	0.00%	2.44%	0.00%	0.71%
综合	5.00%	7.59%	4.48%	9.80%	15.85%	5.88%	8.25%
合计	100.00%	100.00%	100.00%	100.00%	100.00%	100.00%	100.00%

表5   2005~2010年中国重述上市公司数量制造行业子类分年度统计表

每年绝对数	2005年	2006年	2007年	2008年	2009年	2010年	全样本期
食品	2	5	3	1	0	4	15
纺织	1	3	2	1	3	2	12
木材	0	0	0	0	0	0	0

续表

每年绝对数	2005 年	2006 年	2007 年	2008 年	2009 年	2010 年	全样本期
造纸	0	0	1	0	0	2	3
石化	3	8	11	9	5	14	50
电子	2	0	2	1	4	5	14
金属	4	2	3	2	4	6	21
机械	10	13	16	7	5	13	64
医药	5	5	3	2	3	8	26
其他	0	0	0	0	1	0	1
合计	27	36	41	23	25	54	206
每年相对数	2005 年	2006 年	2007 年	2008 年	2009 年	2010 年	全样本期
食品	7.41%	13.89%	7.32%	4.35%	0.00%	7.41%	7.28%
纺织	3.70%	8.33%	4.88%	4.35%	12.00%	3.70%	5.83%
木材	0.00%	0.00%	0.00%	0.00%	0.00%	0.00%	0.00%
造纸	0.00%	0.00%	2.44%	0.00%	0.00%	3.70%	0.00%
石化	11.11%	22.22%	26.83%	39.13%	20.00%	25.93%	1.46%
电子	7.41%	0.00%	4.88%	4.35%	16.00%	9.26%	24.27%
金属	14.81%	5.56%	7.32%	8.70%	16.00%	11.11%	6.80%
机械	37.04%	36.11%	39.02%	30.43%	20.00%	24.07%	10.19%
医药	18.52%	13.89%	7.32%	8.70%	12.00%	14.81%	31.07%
其他	0.00%	0.00%	0.00%	0.00%	4.00%	0.00%	12.62%

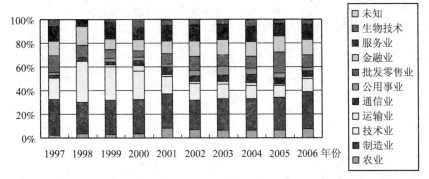

图1　1997~2006 年美国重述公司占比分行业分年度比较

注：根据肖尔兹（2008）相关原始数据绝对数整理。

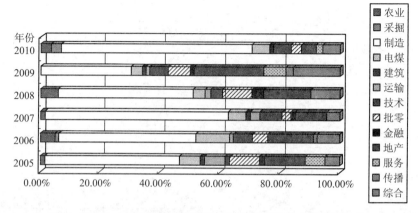

图 2　2005 ～ 2010 年中国重述上市公司数量分行业分年度比较

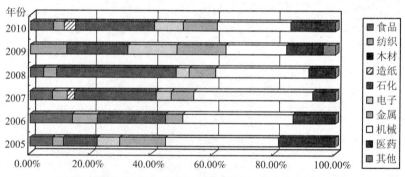

图 3　2005 ～ 2010 年我国重述公司制造业子类分年度比较

表 6　　　　　　　　　1997 ～ 2006 年美国重述原因分年度对比表

重述原因	1997 年	1998 年	1999 年	2000 年	2001 年	2002 年	2003 年	2004 年	2005 年	2006 年	全样本期
A. 收入	37	56	56	90	123	154	208	204	213	173	1314
	41.11%	47.06%	25.00%	43.90%	25.41%	24.06%	24.56%	20.84%	14.51%	10.97%	19.81%
B. 核心费用	31	23	54	68	181	272	332	366	676	636	2639
	34.44%	19.33%	24.11%	33.17%	37.40%	42.50%	39.20%	37.39%	46.05%	40.33%	39.79%
B1. 租赁	0	2	3	1	23	47	83	80	293	86	618
	0.00%	1.68%	1.34%	0.49%	4.75%	7.34%	9.80%	8.17%	19.96%	5.45%	9.32%

续表

重述原因	1997年	1998年	1999年	2000年	2001年	2002年	2003年	2004年	2005年	2006年	全样本期
B2. 雇员期权	5	0	4	4	48	67	85	94	159	254	720
	5.56%	0.00%	1.79%	1.95%	9.92%	10.47%	10.04%	9.60%	10.83%	16.11%	10.85%
C. 非核心费用	18	38	112	40	155	181	246	326	474	612	2202
	20.00%	31.93%	50.00%	19.51%	32.02%	28.28%	29.04%	33.30%	32.29%	38.81%	33.20%
C1. 债务和利息	9	9	6	9	48	55	64	91	179	262	732
	10.00%	7.56%	2.68%	4.39%	9.92%	8.59%	7.56%	9.30%	12.19%	16.61%	11.04%
C2. 资产估价	1	4	11	6	24	32	53	60	81	84	356
	1.11%	3.36%	4.91%	2.93%	4.96%	5.00%	6.26%	6.13%	5.52%	5.33%	5.37%
C3. 税	1	1	2	3	19	17	53	66	99	89	350
	1.11%	0.84%	0.89%	1.46%	3.93%	2.66%	6.26%	6.74%	6.74%	5.64%	5.28%
C4. 衍生品	0	0	0	0	14	19	10	18	37	49	147
	0.00%	0.00%	0.00%	0.00%	2.89%	2.97%	1.18%	1.84%	2.52%	3.11%	2.22%
D. 分类和披露	4	2	2	7	25	33	61	83	105	156	478
	4.44%	1.68%	0.89%	3.41%	5.17%	5.16%	7.20%	8.48%	7.15%	9.89%	7.21%
D1. 资产负债表	0	1	1	3	13	20	30	36	36	46	186
	0.00%	0.84%	0.45%	1.46%	2.69%	3.13%	3.54%	3.68%	2.45%	2.92%	2.80%
D2. 现金流量表	0	0	0	0	2	1	8	25	45	86	167
	0.00%	0.00%	0.00%	0.00%	0.41%	0.16%	0.94%	2.55%	3.07%	5.45%	2.52%
重述公告总数	90	119	224	205	484	640	847	979	1468	1577	6633
重述原因数量总和	106	136	251	231	675	898	1233	1449	2397	2533	9909

注：重述原因数量总和是 A、B、C、D 四大类重述数量绝对数之和；重述公告总数是指当年发布的重述公告的绝对数。由于一份重述公告中可能涉及多种重述原因，所以重述公告总数少于重述原因数量总和。

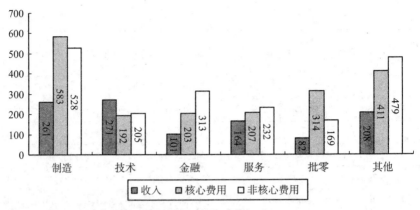

图4　美国重述事件分原因分行业对比

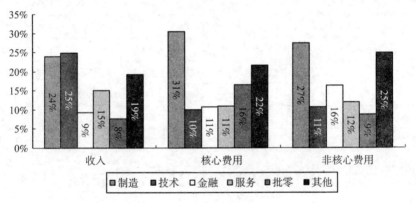

图5　美国三类主要重述原因的行业占比对照

表7　　　　　　　2005～2010 年中国上市公司重述原因分年度对比表

重述原因	2005 年	2006 年	2007 年	2008 年	2009 年	2010 年	全样本期
A. 收入	7	17	11	9	11	10	65
	11.67%	8.86%	10.45%	13.73%	8.54%	8.24%	15.33%
B. 成本费用	34	37	43	30	30	39	213
	56.67%	46.84%	64.18%	58.82%	36.59%	45.88%	50.24%
B1. 营业成本	8	6	13	8	5	6	46
	13.33%	7.59%	19.40%	15.69%	6.10%	7.06%	10.85%
B2. 期间费用	10	8	16	4	5	10	53
	16.67%	10.13%	23.88%	7.84%	6.10%	11.76%	12.50%

重述原因	2005 年	2006 年	2007 年	2008 年	2009 年	2010 年	全样本期
B3. 工资薪金	5	4	6	4	6	7	32
	8.33%	5.06%	8.96%	7.84%	7.32%	8.24%	7.55%
B4. 资产减值	19	19	20	17	7	19	101
	31.67%	24.05%	29.85%	33.33%	8.54%	22.35%	23.82%
B5. 其他成本费用	3	14	15	11	12	7	62
	5.00%	17.72%	22.39%	21.57%	14.63%	8.24%	14.62%
C. 非经常性损益	5	7	10	6	10	10	48
	8.33%	8.86%	14.93%	11.76%	12.20%	11.76%	11.32%
C1. 资产交易	2	4	5	3	6	5	25
	3.33%	5.06%	7.46%	5.88%	7.32%	5.88%	5.90%
C2. 资金运用	1	1	3	2	1	2	10
	1.67%	1.27%	4.48%	3.92%	1.22%	2.35%	2.36%
C3. 政府补贴	0	2	0	1	3	4	10
	0.00%	2.53%	0.00%	1.96%	3.66%	4.71%	2.36%
C4. 其他非经常性损益	2	0	2	1	1	0	6
	3.33%	0.00%	2.99%	1.96%	1.22%	0.00%	1.42%
D. 税类	19	26	16	23	37	38	159
	31.67%	32.91%	23.88%	45.10%	45.12%	44.71%	37.50%
E. 合并及长期投资	20	20	13	13	18	15	99
	33.33%	25.32%	19.40%	25.49%	21.95%	17.65%	23.35%
E1. 合并范围	18	19	9	9	14	14	83
	30.00%	24.05%	13.43%	17.65%	17.07%	16.47%	19.58%
E2. 长期投资	4	1	4	5	5	1	20
	6.67%	1.27%	5.97%	9.80%	6.10%	1.18%	4.72%
F. 其他	6	16	12	5	11	10	60
	10.00%	20.25%	17.91%	9.80%	13.41%	11.76%	14.15%
重述公告总数	60	79	67	51	82	85	424
重述原因数量总和	91	123	105	86	117	122	644

注：相对数为绝对数除以当年重述公告总数。

表8　　　　　　　　　中国上市公司重述原因分行业比较

行业类别	收入类		成本费用类		非经常性损益类		税类		合并及长期投资类		其他类		总计
	绝对数	相对数	绝对数	相对数	绝对数	相对数	绝对数	相对数	绝对数	相对数	绝对数	相对数	
农业	4	19.05%	7	33.33%	2	9.52%	4	19.05%	3	14.29%	1	4.76%	21
采掘	0	0.00%	2	33.33%	0	0.00%	2	33.33%	1	16.67%	1	16.67%	6
制造	31	9.90%	102	32.59%	29	9.27%	75	23.96%	46	14.70%	30	9.58%	313
电煤	5	10.42%	18	37.50%	1	2.08%	12	25.00%	5	10.42%	7	14.58%	48
建筑	2	33.33%	2	33.33%	0	0.00%	0	0.00%	1	16.67%	1	16.67%	6
运输	2	10.53%	7	36.84%	1	5.26%	6	31.58%	2	10.53%	1	5.26%	19
技术	6	17.14%	17	48.57%	0	0.00%	7	20.00%	4	11.43%	1	2.86%	35
批零	1	2.56%	11	28.21%	4	10.26%	10	25.64%	10	25.64%	3	7.69%	39
金融	0	0.00%	1	20.00%	1	20.00%	1	20.00%	1	20.00%	1	20.00%	5
地产	9	11.54%	24	30.77%	4	5.13%	21	26.92%	12	15.38%	8	10.26%	78
服务	0	0.00%	8	50.00%	0	0.00%	5	31.25%	2	12.50%	1	6.25%	16
传播	1	25.00%	0	0.00%	0	0.00%	3	75.00%	0	0.00%	0	0.00%	4
综合	4	7.41%	14	25.93%	6	11.11%	13	24.07%	12	22.22%	5	9.26%	54
合计	65	10.09%	213	33.07%	48	7.45%	159	24.69%	99	15.37%	60	9.32%	644

表9　　　　　　　　中国上市公司重述原因制造业子类比较

制造业	收入类		成本费用类		非经常性损益类		税类		合并及长期投资类		其他类		总计
	绝对数	相对数	绝对数	相对数	绝对数	相对数	绝对数	相对数	绝对数	相对数	绝对数	相对数	
食品	5	19.23%	6	23.08%	2	7.69%	7	26.92%	4	15.38%	2	7.69%	26
纺织	0	0.00%	5	33.33%	2	13.33%	4	26.67%	2	13.33%	2	13.33%	15
木材	0	0	0	0	0	0	0	0	0	0	0	0	0
造纸	1	25.00%	1	25.00%	0	0.00%	2	50.00%	0	0.00%	0	0.00%	4
石化	5	6.94%	25	34.72%	7	9.72%	20	27.78%	8	11.11%	7	9.72%	72

续表

制造业	收入类		成本费用类		非经常性损益类		税类		合并及长期投资类		其他类		总计
	绝对数	相对数	绝对数	相对数	绝对数	相对数	绝对数	相对数	绝对数	相对数	绝对数	相对数	
电子	0	0.00%	5	22.73%	3	13.64%	4	18.18%	7	31.82%	3	13.64%	22
金属	1	3.03%	10	30.30%	5	15.15%	7	21.21%	7	21.21%	3	9.09%	33
机械	12	12.37%	37	38.14%	7	7.22%	20	20.62%	11	11.34%	10	10.31%	97
医药	7	16.28%	12	27.91%	3	6.98%	11	25.58%	7	16.28%	3	6.98%	43
其他	0	0.00%	1	100.00%	0	0.00%	0	0.00%	0	0.00%	0	0.00%	1
合计	31	9.90%	102	32.59%	29	9.27%	75	23.96%	46	14.70%	30	9.58%	313

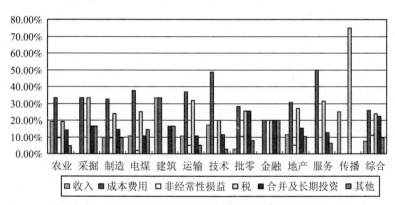

图6　中国上市公司重述原因分行业比较（相对数）

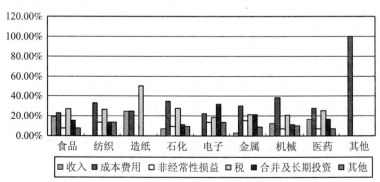

图7　中国上市公司重述原因的制造业子类行业（相对数）

表 10　　　　　　中国上市公司会计重述发起方分类分期间比较

重述发起方		2005 年	2006 年	2007 年	2008 年	2009 年	2010 年	全样本期
监管机关	绝对数	34	28	20	20	39	36	177
	相对数 1	19.21%	15.82%	11.30%	11.30%	22.03%	20.34%	100.00%
	相对数 2	56.67%	35.44%	29.85%	39.22%	47.56%	42.35%	41.75%
	相对数 3	75.56%	73.68%	71.43%	83.33%	81.25%	80.00%	77.63%
第三方	绝对数	6	8	6	3	5	6	34
	相对数 1	17.65%	23.53%	17.65%	8.82%	14.71%	17.65%	100.00%
	相对数 2	10.00%	10.13%	8.96%	5.88%	6.10%	7.06%	8.02%
	相对数 3	13.33%	21.05%	21.43%	12.50%	10.42%	13.33%	14.91%
自查	绝对数	5	2	2	1	4	3	17
	相对数 1	29.41%	11.76%	11.76%	5.88%	23.53%	17.65%	100.00%
	相对数 2	8.33%	2.53%	2.99%	1.96%	4.88%	3.53%	4.01%
	相对数 3	11.11%	5.26%	7.14%	4.17%	8.33%	6.67%	7.46%
已知	绝对数	45	38	28	24	48	45	228
	相对数 1	19.74%	16.67%	12.28%	10.53%	21.05%	19.74%	100.00%
	相对数 2	75.00%	48.10%	41.79%	47.06%	58.54%	52.94%	53.77%
总体	绝对数	60	79	67	51	82	85	424
	相对数 1	14.15%	18.63%	15.80%	12.03%	19.34%	20.05%	100.00%
	相对数 2	100.00%	100.00%	100.00%	100.00%	100.00%	100.00%	100.00%

注：相对数1：该类当年绝对数占该类全样本期总数的百分比；相对数2：该类当年绝对数占总体重述绝对数的百分比；相对数3：该类当年绝对数占已知重述绝对数的百分比。

表 11　　　　中国重述公司与非重述公司各行业分年绝对数量对比

绝对数量	2005 年		2006 年		2007 年		2008 年		2009 年		2010 年		全样本期	
	重述	非重	重述	非重	重述	非重	重述	非重	重述	非重	重述	非重	重述	非重
农业	1	25	4	23	1	28	3	27	0	31	3	31	12	165
采掘	0	25	1	24	0	28	0	36	0	40	3	37	4	190
制造	27	647	36	647	41	676	23	771	25	821	54	831	206	4393

续表

绝对数量	2005年		2006年		2007年		2008年		2009年		2010年		全样本期	
	重述	非重	重述	非重	重述	非重	重述	非重	重述	非重	重述	非重	重述	非重
电煤	4	55	9	52	4	58	2	60	3	60	5	59	27	344
建筑	1	21	0	22	1	26	0	30	1	30	1	34	4	163
运输	4	48	1	52	2	57	1	61	1	62	0	65	9	345
技术	1	69	5	65	5	72	2	83	5	86	5	94	23	469
批零	6	79	4	81	2	84	5	81	6	85	3	90	26	500
金融	1	14	0	15	1	16	2	26	1	27	0	30	5	128
地产	8	83	12	79	7	86	8	85	19	78	4	95	58	506
服务	4	35	0	39	0	40	0	46	6	42	2	48	12	250
传播	0	10	1	9	0	10	0	12	2	11	0	13	3	65
综合	3	52	6	49	3	53	5	50	13	43	5	51	35	298
合计	60	1163	79	1157	67	1234	51	1368	82	1416	85	1478	424	7816

附录三：GAO（2007）和肖尔兹（2008）的重述原因分类

GAO（2007）——按会计重述频率由高到低

第一类：成本或费用

> 低估或高估成本或费用

> 不恰当地分类费用

> 任何数字错误或不当而导致的错报成本

> 与所得税负债或递延所得税费用的处理不当

> 财务安排不当，如租赁、资本化或费用化不当

> 不恰当延期诉讼（improperly reserved litigation restatements）

第二类：收入确认

> 收入确认不当

> 确认有疑问的收入

> 任何数字错误或不当而导致的错报收入

> 与非关联公司串通通过同购同销人为虚增收入（round-trip accounting transactions）

第三类：与证券有关的

> 衍生金融资产、认股权证、股票期权、可转债等

第四类：重组，资产或存货

> 资产清理

> 与投资、资产减值、商誉及其他无形资产、重组、存货价值和数量等有关的差错

第五类：重分类（财务报表项目）

> 资产负债表的流动负债分类为长期负债

> 经营活动的现金流量分类为筹资活动现金流量

第六类：其他（除已列类别外的所有）

> 贷款损失准备金不足

➢拖欠贷款

➢贷款注销

➢坏账准备（Allowance for Doubtful Accounts，ADA）

第七类：购买和合并

➢会计方法使用错误

➢与购并相关的利得或损失的高估或低估

第八类：关联交易

➢披露不足或不当计量与关联方交易有关的收入、费用、债务或资产

第九类：研发（in-process research and development）

➢收购时点对研发估价方法不当

肖尔兹（2008）——按会计重述严重性由高到低

第一类：收入确认——所有跟收入有关的——1314，20%

第二类：核心费用（与持续经营相关）——3316，50%

1. 销售成本（存货、卖主）——影响存货、折扣或销售成本等的交易。

2. 费用核算（工资、期间费用）——费用化资产、低估负债、应付款项不当。

3. 负债、应付、准备和应计——递延收益、正常应计项目。

4. 资本化支出——与租赁、存货、在建、无形资产、研发等有关。

5. 递延、基于股票的高管薪酬。

6. 租赁。

7. 折旧、损耗或摊销错误。

第三类：非核心费用（与非经营、非经常相关）——3111，47%——影响净利润但不产生于持续经营活动

1. 债务、准负债、担保、权益证券（可转换）、某些被错误估价的债务工具。

2. 衍生物、套期保值——流动性波动的套期保值、利率互换、外货购买、未来销售担保。

3. 利得或损失确认——资产、利息、主体或负债的销售。

4. 公司内部、对分支机构或分公司的投资——公司间未确认、分公司利润错报。

5. 法律、偶然事件或承诺。

6. 地产房屋设备（PPE）或无形资产估值或损耗：无形资产、商誉、建筑物、证券、投资、租约，研发费用也包括在内。

7. 税。

8. 不明确的调整。

第四类：重分类和披露——1502，23%

1. 应收款项、投资或现金——包括投资、坏账准备、应收款项等相关准备。

2. 资产负债表项目的分类：如短长期转换。

3. 收益表项目：财务比例或 EPS 计算有误，收益表项目分类错误。

4. 现金流量表项目。

5. 附录及其他披露问题。

后　　记

又是一年毕业季，这次的主角，有我和我的博士同窗们。

流光如矢，岁月荏苒。三年读博路，是我迄今为止走得最艰难也最丰盈的一段人生旅程。在人大的这三载光阴，让我清楚地知道了自己最适合、最需要和最喜欢的是什么。博士论文后记，将为我二十二年的学生生涯画上句点，因而我一直觉得，应该选一个特别的地方好好书写这重要一篇。曾经无数次设想过：或许应在春光明媚的早晨，在求是园的紫藤花廊里，面对回旋变幻的喷泉，把满心的谢意一笔一画记录纸间；或许应在和煦温暖的午后，在图书馆那个陪我撰写论文最久的座位上，让满目的希望跃然纸上；抑或应在静谧安详的夜晚，在品园四楼529宿舍里，借着皎洁明朗的月光，把满腔的感激一鼓作气倾泻笔尖。然而，每每要提笔时，总百感交集到不知从何讲起，于是搁置再搁置。直至今天在赶赴复旦大学参加学术会议的路上，得知被抽中匿名外审，要马上提交论文完整版以付梓打印时，才发现原来这个特别的地方是在时速306公里的京沪高铁G15次列车上。面对车窗外一闪而过的景致，回眸一闪而过的读博旅程，感念瞬时泉涌心头。

此时此刻，最想感谢的莫过于我的博士生导师戴德明教授。先生谦逊的人格魅力、严谨的治学态度、精湛的专业学养、高深的学术造诣，让我深深折服，是我学术道路上学习的典范。三年来，我取得的每一点进步，都与先生的严格要求和悉心教诲密不可分。为培养我们的学术兴趣、训练我们的学术思维，导师经常利用难得的休息时间召开师门讨论会。记得有一次，课题讨论至尽兴处，大家才发现已是凌晨三点。为最大限度地利用时间，导师经常在讨论会上一边匆匆地吃着盒饭，一边耐心地为我们指导论文。导师发来的论文电子修改稿中，红色标注上显示的时间常常是凌晨。还记得有一次，导师午夜出差回来，顾不上休息立即给我打电话，讲解他刚在飞机上想到的一些对我博士论文的修改建议，而且一讲就是一个小时。每每想到这些，心头总涌起对先生深深的敬意和无限的感激。当导师获知我们上自习很难找教室时，即使会给他办公带来诸多不便，他仍毫不犹豫地将自己的办公室腾出来供我们作研究室。每年生日时，导师还会送我们由他亲笔赠言的书籍，祝愿我们拥有健康开心地生活，鼓励我们踏实用心地做学问。先生对我在学习和求职中的关怀、信任和鼓励，无以言表，唯有加倍努力，不辜负先生的期望，争取成为先生那样的好师长，传递这难能可贵的师道精神。和蔼可亲、多才多艺的师母胡飒爽老师，为我们营造了家一般温暖的师门氛围，借此机会向师母表达衷心的谢意。

我要特别感谢在博士期间给予我莫大关怀和爱护的叶康涛老师和袁蓉丽老师。叶老师不仅对会计学文献和实证会计方法有着高超的驾驭能力，而且总能融会贯通、深入浅出地予以精彩讲解。叶老师还慷慨地与我分享他对中国实证会计研究的思考，指点我从源头开始研读和反思有关文献，启迪我在总结和提炼这些研究的基础上尝试提出新的理论假说，鼓励并帮助我将这些思想火花串连成文并最终发表。正是在叶老师的耐心指导下，我才得以在短时间内高效地阅读了大量文献，为日后进行实证会计研究打下了良好基础。更重要的是，叶老师一直不遗余力地为我们这些年轻学子创造成长锻炼的机会，从而使我们受益终生。担任我们班主任的袁老师，不仅像叶老师一样不嫌我资质平平，力邀我加入到她的课题研究中得到学术锻炼，更如亲姐姐般关心我的学习、生活、工作等方方面面。我在《中国财政》杂志社的实习，就得益于袁老师的引荐。读博期间两位老师对我的全力支持和无私帮助，是促使我不断前进的坚实而温暖的力量。

感谢博士生课堂上为我传道、授业、解惑的各位老师，尤其是荆新老师、徐经长老师、耿建新老师、秦荣生老师、林钢老师、赵西卜老师、朱小平老师、于富生老师、王化成老师、姜付秀老师、伊志宏老师、况伟大老师、支晓强老师、周华老师、朱鑫东老师、易靖韬老师、许年行老师，以及加拿大戴尔豪西大学的徐宽老师、美国杜克大学的张韵老师。感谢于富生老师、周华老师、张敏老师在我的博士论文开题论证时提出的宝贵意见。感谢徐经长老师、耿建新老师、徐泓老师、朱鑫东老师在预答辩时提出的中肯建议。感谢匿名评审的五位老师给予的认可与客观评价。感谢清华大学的谢德仁老师、首都经贸大学的付磊老师和栾甫贵老师在正式答辩时提出的问题，使我的博士论文得以进一步完善。感谢我的博士论文参考文献中的所有作者，是他们的著作为我提供了借鉴和启示，促使我思考并尝试解决了一些问题。感谢陈君老师和施小斌老师在研究生日常事务中的辛勤奉献，为我们节省了大量时间和精力。感谢中国人民大学研究生科学研究基金项目对我博士论文写作的资助。

感谢各位同门师兄（弟）、师姐（妹）给予我的热心关照和有力援助。尤其要感谢待我如亲妹妹一样的成颖利师姐、我的学术榜样周华师兄和毛新述师兄、与我同年入门的山东老乡杨鲁大哥、帮我做了许多事务性工作的唐好师妹、与我有很多共同喜好的何力军师妹，还有给予我许多帮助和鼓励的陈放师姐、张栋师姐、王小鹏师兄，以及王娟师妹、赵耀师弟、尤明蕾师妹、莫冬艳师妹、李阳师妹、李帆师弟、刘凡师弟、张博师弟、单璐师妹、徐策师弟、郭惠达师弟、何岑蕙师妹和王宏予师弟等。此外，还要特别感谢虽不是同门但胜似同门的三位学弟——刘行、黄继承和张顺葆：无论是在 TOP 学术研究组中，还是在学校食堂就餐时，抑或是在越洋网络上，甚至是在明德楼电梯内，与他们的多次学术争论和研讨，都为我的博士论文写作带来了诸多灵感和启发。

感谢在人大熟识的所有同学，尤其是商学院 2009 级会计财管博士班的各位同窗。正是这些并肩奋斗的学友们，让我的博士生活充满了更多的乐趣和意义。感谢谭青、李子祎、李丰也、卿小权、海洋、王睿、秦义虎、丁庭栋、张胜，难忘他们在生日时特意为我安排的游乐活动和聚餐派对，难忘他们在我郁结迷茫时给予的开解和劝慰，难忘与李丰也一起作为学生代表去人民大会堂参加报告会的情景，难忘和大家一起去八大处踏青、去香山赏红叶，难忘我们边玩桌游边通宵看世界杯决赛的经历，难忘一同参与羽毛球和篮球比赛的美妙时光。感谢王海燕、陈智、何洲娥、林春雷、王旭芳、于悦、朱琳、丁鑫、李华、张宏宇、张敏、郑小荣、李志华、张金松、贸经系的李辉及其可爱的儿子淘淘，在我枯燥的读博生活中给予的鼓励和带来的欢乐。感谢我的室友徐婷芳从相识至今对我的关爱、理解和信任，每次与婷芳姐姐的促膝长谈，总让我在温暖中得到启发。感谢博士同学中与我相识最久的郑路航，从考博初试至今，我们姐妹俩相互扶持着闯过了不少难关，这份友情弥足珍贵。

我还要特别感谢我的硕士生导师——山东财经大学的綦好东教授。倾囊相授的恩师是助我在学术道路上得以开悟的启蒙导师，"做个有心人"的五字教诲始终深植我心。恩师待我如亲生女儿，时刻关注我的成长，给予我恳切的鞭策和鼓励，为我的点滴进步而由衷高兴。

一直以来支持和鼓励我的密友们，也是促使我不断努力微笑着向前的一大助力。感谢与我情同手足的同级刑法学博士聂慧苹：豁达乐观的她总是传递给我正能量，在生活上也给予了我无微不至的关心和照顾；读博期间我的心愿清单上的每个愿望，几乎都是在慧苹的鼓励和陪伴下实现的。感谢我的硕士同窗孙宇、姜娜，高中好友赵娟、李珊、单珊，初中闺蜜王蕾、李明昕，小学老友王琛、李岩，她们总能在我最需要的时候送上最暖心的慰问。

多年来，最支持我为追求理想而砥砺前行的，始终是我最亲爱的家人。慧颖大气、亦师亦友的妈妈总是最懂我的心灵专家，举重若轻、文笔尚佳的爸爸总是我文章的第一个评阅人，温婉贤惠、慈祥和善的外婆总能为我带来最爽朗的笑声。谢谢他们教会我感受并感恩于爱。

我要深深感谢敬爱的外公。在外公心中，我若安好，便是晴天。外公病重之时，正值我的博士论文攻坚阶段。为了让我安心完成学业，消瘦羸弱的外公努力用已被病魔侵蚀的完全沙哑的嗓音，笑容可掬地安慰我："放心返校吧，忙好你的事，不要担心我喔"。没想到，这竟成永诀。我的博士论文，是献给外公最好的礼物。外公，愿您在另一个世界一切都好。

一路寻来，煎熬早已随落寞远去，荆棘早已开成朵朵鲜花，痛楚中蕴涵的无限契机早已让一切变得恬美自然。却顾所来径，苍苍横翠微。见识了博士生涯的这道灿烂，我的青春，无怨无悔！

王 斌